盈利破局

思维+赛道+产品+营销

江奇 著

中国铁道出版社有限公司
CHINA RAILWAY PUBLISHING HOUSE CO., LTD.

图书在版编目（CIP）数据

盈利破局：思维＋赛道＋产品＋营销 / 江奇著 . —北京：
中国铁道出版社有限公司，2024.3
ISBN 978-7-113-30899-5

Ⅰ.①盈… Ⅱ.①江… Ⅲ.①企业管理 Ⅳ.①F272

中国国家版本馆 CIP 数据核字（2024）第 011217 号

书　　名：**盈利破局——思维＋赛道＋产品＋营销**
　　　　　YINGLI POJU：SIWEI＋SAIDAO＋CHANPIN＋YINGXIAO
作　　者：江　奇

责任编辑：马慧君　　　　　　　　　　编辑部电话：（010）51873005
封面设计：邱晓颐　刘　莎
责任校对：刘　畅
责任印制：赵星辰

出版发行：中国铁道出版社有限公司（100054，北京市西城区右安门西街 8 号）
网　　址：http://www.tdpress.com
印　　刷：天津嘉恒印务有限公司
版　　次：2024 年 3 月第 1 版　2024 年 3 月第 1 次印刷
开　　本：710 mm×1 000 mm　1/16　印张：15.25　字数：183 千
书　　号：ISBN 978-7-113-30899-5
定　　价：68.00 元

版权所有　侵权必究

凡购买铁道版图书，如有印制质量问题，请与本社读者服务部联系调换。电话：（010）51873174
打击盗版举报电话：（010）63549461

序言

企业经营的核心

近年来,在新技术的引领下,企业之间的竞争更趋激烈,新的商业模式层出不穷,驱动企业向前发展的新旧动能也正在加速转换和升级。

在这种大背景下,一些企业陷入了前所未有的困境,困境的背后既有企业自身的因素,也有外部经营环境的因素。

对于企业自身而言,缺乏核心的竞争力;规模小、资产少导致融资能力差;不善于管理,导致经营成本过高;不懂得利用新媒体扩大自己的影响力,导致产品缺乏流量,缺乏成交……这些都是中小企业存在的内部问题。

而国际市场萎缩,使得外贸市场拓展困难;劳动力、原材料和运输成本的上涨,降低了企业的利润;科技革新快速,使得一些传统企业难以跟上时代的变化……这些都是摆在企业面前的外部环境难题。

如何才能打破企业面临的困局?

在笔者看来,企业遇到的大部分问题归根结底都是

"钱"的问题，反映的正是企业的盈利能力。

盈利不仅是企业经营的目标，更是驱动企业向前发展的基本动力。

1. 盈利是企业经营的目标

在商业世界里，盈利不仅是企业存在的基本条件，也是衡量其是否成功最直接的标准。企业的行为，无论是精准的市场定位、有效的广告宣传，还是优化客户的体验，最终目的都是实现销售的增长和利润的最大化，即提高企业的盈利能力。

比如，腾讯是互联网公司，业务涵盖了社交、游戏、金融、广告等多个领域，其盈利能力毋庸置疑，因此腾讯的股票深受股民的青睐。

2. 盈利是企业经营遇到问题以后，快速破局的方式

当企业面临挑战，如市场竞争加剧、成本上升或需求下降，寻找新的盈利模式往往就成为打破困局的关键。

比如，作为汽车制造企业，比亚迪曾经在新能源汽车市场的竞争中面临巨大的压力。为了打破困局，比亚迪加大研发的投入，在提高产品的性能和质量的同时，推出更多的新能源汽车产品，拓展了公共交通、出租车等市场，成功经受住市场的考验。

3. 盈利是企业生存发展、持续创新的方向

持续的盈利能力是企业生存发展和持续创新的基础。企业需要不断地探索新的市场机会、开发创新性的产品和服务，优化运营效率，以保持其盈利能力。

比如，阿里巴巴于2004年推出的支付宝，在当时就是一种非常创新的支付方式，为用户提供了便捷的支付体验。其后，阿里巴巴还推出了阿里云等创新性的产品和服务，不仅满足了用户的需求，还为企业带来了更多的用户、市场份额和收入，这为其他企业提供了一个值得借鉴的思路。

盈利作为企业经营的核心，是企业存在的关键目的，也是企业面对挑战时重要的破局手段，因此企业应当始终把盈利作为其战略规划和日常运营的核心考量，通过不断适应市场、创新业务和优化运营来实现这一目标。

取得盈利破局的前提，首先就是企业的管理层能够突破自己的局限、提高自己的认知、打开自己的眼界，让新的思维和模式走进自己的脑袋里，这是关键中的关键。

回顾过去的经历，我曾亲眼见证过很多企业和企业家在商业的舞台上展现出非凡的智慧与勇气。然而，当困境来临时，即使再优秀的企业，也可能深陷其中，找不到方向。

其实使企业陷入困境的真正原因，往往不是别人，也不是竞争或者市场的原因，而是企业家自己的局限性。因此，企业家的思维方式和决策能力至关重要。

在这本书里，我按照从宏观到微观、从思维到实操的逻辑顺序，围绕与企业盈利密切相关的十一个方面，为读者提供解决的思路，分别是破局认知、思维破局、顶层商业布局、赛道破局、产品破局、商业模式破局、营销破局、品牌破局、团队破局、供应链优化破局、财务优化破局。

可以说,这是一本帮助大家厘清商业思维和企业经营思维的成长手册。

希望借着此书,把笔者多年来通过观察、研究和实践积累下来的丰富经验传递给读者。如果读者在阅读的过程中能够获得灵感的火花,引导读者解决了实际的问题,那么就完成了撰写这本书的使命!

更希望本书能够成为企业家和企业管理层的思维引导,帮助在纷繁复杂的商业环境中寻找到清晰的发展路径。

愿你在商业的征途上,掌握盈利的密钥,为企业的发展翻开新的篇章。

最后,祝你阅读愉快!

江 奇

2023 年 12 月 18 日 浙江宁波

目录

第一章 破局认知

第一节　企业成功的原因 / 3
第二节　企业面临的内忧与根源 / 6
第三节　企业面对的外患与根源 / 10
第四节　经营者的思维决定了企业发展高度 / 12
第五节　成功企业的设计之道 / 17

第二章 思维破局

第一节　创业者应该做什么 / 21

第二节　简单、高效、快捷的思维 / 25
第三节　定位与聚焦的思维 / 28
第四节　识人与用人的思维 / 30
第五节　平台与联盟的思维 / 31
第六节　用户与社群的思维 / 36
第七节　爆品与价值的思维 / 40

第三章　顶层商业布局

第一节　企业的顶层商业布局 / 45
第二节　战略布局 / 47
第三节　人才布局 / 51
第四节　运营布局 / 54
第五节　价值布局 / 58
第六节　生态布局 / 63

第四章　赛道破局

第一节　何谓赛道 / 69
第二节　大洗牌 / 72
第三节　弯道超车 / 75

第五章 产品破局

第一节　新商业下的主流消费群体 / 81
第二节　好产品 / 85
第三节　好产品的市场分析 / 88
第四节　让好产品说话 / 92
第五节　移动互联下产品为王 / 94
第六节　打造让人尖叫的爆品/竞品 / 96

第六章 商业模式破局

第一节　什么是商业模式 / 101
第二节　商业模式 / 104
第三节　设计商业模式 / 107
第四节　新的商业模式 / 110

第七章 营销破局

第一节　传统营销 / 117

第二节　营销的核心 / 120
第三节　营销以市场为导向,以客户为中心 / 123
第四节　打造营销的场景 / 128

第八章　品牌破局

第一节　品牌的两大要素 / 133
第二节　品牌的知名度和忠诚度 / 139
第三节　打造品牌势能 / 142
第四节　品牌营销新趋势 / 149

第九章　团队破局

第一节　组建团队 / 159
第二节　团队成功的基础 / 161
第三节　打造团队的核心在于赋能 / 166
第四节　让团队成员成为创业者：合伙人制度 / 169

第十章　供应链优化破局

第一节　供应链的基本认知 / 175

第二节　供应链管理的目标 / 182
第三节　供应链优化的核心思想 / 186
第四节　供应链核心竞争力 / 190

第十一章 财务优化破局

第一节　优化粗放型财务管理 / 195
第二节　控制采购成本 / 201
第三节　控制生产成本 / 207
第四节　控制销售成本 / 212
第五节　控制管理成本 / 216
第六节　风险管理 / 223

第一章 01

破局认知

做企业时,学习成功的经验固然重要,尤其是学习一些典型的管理模式,但是一个企业的成功原因非常复杂,一些受益于时代红利,借鉴价值并不大。从失败中总结规律反而有更多值得琢磨和吸取的经验,可以使企业避免重蹈覆辙。

第一节　企业成功的原因

一、企业失败认知

企业在发展过程中,会出现竞争力大幅下降,长期亏损,更严重的是资不抵债或现金流枯竭而导致破产。究其原因,就是竞争失败。当分析这些标本企业时,失败的原因非常值得仔细琢磨。关于企业失败,有以下几种定义:

从新古典经济学角度来讲,企业失败是指企业不再有效地完成投入产出的功能,即无法聚集所需的投入,或者产出的产品和服务不被社会所接受,或者转换环节断裂,根本无法实现从投入到产出的转换。

从新制度经济学角度来讲,企业失败是指企业被市场替代。当企业配置资源的成本比通过市场配置资源的成本高时,企业的边界会不断缩小,直至被市场完全取代。

按照《中国企业管理百科全书》解释,企业失败是指由于外部环境和内部条件的不断变化,企业不能再有效地完成投入产出功能,最终失去生存的基础,被其他企业所取代,从而在市场上消失。

做企业时，学习成功的经验固然重要，尤其是学习一些典型的管理模式，但是一个企业成功的原因非常复杂，一些受益于时代红利，借鉴价值并不大。从失败中总结规律反而有更多值得琢磨和吸取的经验，可以使企业避免重蹈覆辙。

查理·芒格说："反过来想，总是反过来想。"研究失败，可以更好地避开失败。列夫·托尔斯泰说过："幸福的家庭都是相似的，不幸的家庭各有各的不幸。"在商业领域，恰恰相反，失败的企业有一些共性。

总之，一个企业倒闭主要原因如下：对外不能跟上时代的潮流，故步自封；对内管理失衡，内耗严重，最终分崩离析。

二、判断企业失败的七个关键指标

有时，在一家企业工作时，能明显感受到企业陷入困境或者开始走下坡路。以下是快速判断企业走向衰退的七个主要标准：

1. 是否能解决客户的需求

企业的首要任务是解决客户需求的问题，然后才是激发客户的付费意愿，这是"客户价值交换"的基本概念。遗憾的是，有些企业只关注自己的需求，而忽视了客户的需求。可行的解决办法是，在解决客户需求的同时，尽可能降低客户的参与难度。

2. 是否具备发现并解决客户问题的能力

这涉及两个方面：首先，企业有能力发现客户的问题，而不是画大饼。如果企业已经进入了某个市场领域，就需要有自己的独特技能，才能在竞争中脱颖而出。其次，需要提供某种独特的价值，比如性价比、品牌优势等，吸引客户。

3. 是否具备成功所需的性格特质

成功的企业背后通常有一位富有毅力的创始人。创业过程充满了艰辛，需要极强的耐心。成功的创始人分为两种类型：一种是充满斗志的，能亲力亲为，化不可能为可能；另一种是工作严谨的，可能不会冲在前线，但能够塑造强大的团队。

4. 是否有明确和合理的商业模式

对实体企业来说，明确合理的商业模式至关重要。那些需要复杂的解释才能展示盈利点的商业模式通常难以生存，因为其生存基础建立在许多不确定的假设之上。一种成功的商业模式一般是基于客户需求，这与前面提到的解决客户需求是一致的。

5. 是否诚信经营

企业需要盈利，但盈利必须是公正的。"公正的盈利"意味着客户愿意为企业的服务支付，而不是企业采取粗暴的方式损害客户的利益。此外，企业的模式也不能过于商业化。企业需要了解其存在的基础，并一直坚守，即使是多元化发展，也不能背离根本。

6. 是否遵循一般的方法论

根据事物规律进行决策，这要求先了解对象的基本特性，然后根据这些特性制定行为策略。另一种方法论是根据事物的"矛盾律"，要求做事的逻辑前后不能矛盾。

7. 是否符合国家政策和顺应时代发展

符合政策和把握时代发展方向是企业必须关注的重要因素。无论是国家的产业政策，还是地方的优惠政策，都可能影响企业的运营和发展。

另外，适应商业环境和找准定位是企业实现稳定发展的重要步骤。符合国家政策和顺应时代发展以及适应商业环境，不仅是企业生存的基础，更是实现企业战略目标的关键。

第二节　企业面临的内忧与根源

一、企业面临的内忧

所谓"内忧",指的是企业自身的经营管理问题。按照中华全国工商业联合会发布的《2022中国民营企业500强调研分析报告》,在治理结构、发展战略、企业管理、品牌建设、自主创新等方面,涉及企业都有长足进步。406家企业的关键技术主要来源于自主开发与研制,426家企业通过自筹资金完成科技成果转化。80%以上的企业从不同层面已实施或计划实施数字化转型,有效专利数量较2020年增长53.60%,国内有效商标注册量较2020年增长25.38%。关于治理结构、发展战略、企业管理等问题,在大型企业中表现得并不明显,但是在中小企业中,这些问题则是致命伤。

1. 经营管理理念落后

在新的市场经济环境下,中小企业获得了更多的发展机遇,但也面临着更大的挑战,如果不及时把握市场脉搏,了解新的理念,可能在时代的大潮中被淘汰。经营管理理念最重要的就是管理者的理念,一些中小企业存在着先入为主、按部就班的发展思维,没有与时俱进,没有把握好角色的转换,不及时学习新的经营理念和管理方式,故步自封,缺乏系统的管理机制,这会导致企业管理工作杂乱无章,无据可依。落后的经营管理理念会阻碍企业的持续发展,降低市场竞争力。

2. 财务管理制度不完善

财务管理在企业的经营管理中占据着重要位置,财务管理制度是企业发展的重要保障。在财务管理的人员分配上如果没有做到权责分明,预算、财务登记、税单统计、财务报表制作、财务监督等都没有明确专人负责,容易造成财务审核不严谨,出现财务上的纰漏会使企业的财产蒙受重大的损失。如果在财务上没有明确的岗位监督,可能会造成部分人员利用职权进行非法活动,严重时会影响企业的正常运转,造成巨大风险。

3. 营销策略落后

营销策略是指导产品销售的纲领。市场经济瞬息万变,需要营销策略。随着信息技术的快速发展,各种通信手段、社交媒体手段等,逐渐颠覆了传统的营销方式。有些企业没有把握住市场的脉搏,不能准确定位市场需求,最终导致发展受挫。在电商营销的时代,传统销售的一些模式不再适用。如果还固守原有的营销模式,不会产生好的效果。在营销人员的选择上更要慎重,对新媒体技术有一定了解,营销人员的能力直接决定产品的销售效果。

4. 缺乏合理的人才资源

人才是一个企业持续有效发展的动力。没有合理的人才配置,激励机制不完善,员工没有发挥工作的主观能动性,作风懒散,会导致企业内耗。人才的竞争是新时期企业竞争的核心,不完善的奖惩机制无法调动员工的工作积极性。一些企业缺乏适用的人才配置,无法保质保量完成工作任务。还有一些企业对人员的专业技能培训不到位，员工素质无法得到提高。

二、企业内忧的根源

人才管理问题是企业内忧的重要原因。人才是企业的"根"，如果连根都留不住、养不活，何谈利润？企业人才管理如果只是简单将人才集合在一起，哪怕是一群能力素质极高的人集合在一起，这个团队也没有战斗力。企业要有良好的人才管理制度，才能发挥出员工的积极性和潜力。可以说，良好的人才管理是企业真正的生产力。

10年前，很多企业不会将人才管理放在一个比较核心的位置。当时经济增长迅速，人才供应充足。只要把业务做好了，人才似乎不是制约企业成长的核心要素。随着经济的发展，持续发展成为很多企业的核心诉求。黑天鹅事件频出、全球经济增速放缓，企业成长的破局点在哪里？看上去，很多状况似乎并非企业所能控制，如果进一步分析，会发现问题的症结在人才管理上。华为管理人才、管理员工、激发团队活力等人才管理方式为人称道，大家都想借鉴华为的成功实践，提高企业的人才管理水平。

华为2023年第一季度的业绩比2022年同期略有增长。外部环境如此严峻，华为前进的步伐都没有被阻挡，实在难能可贵。这跟华为有一支强有力的团队密不可分。华为的人才管理非常有特色，大体来说，有如下特点：

（1）华为把人才管理放在战略高度来对待，将人才管理视为企业的核心竞争力，在人才管理和干部管理方面不断精进，很多理念深入员工内心，组织执行力强。

（2）华为的人才管理有一套逻辑严密的流程体系，包括用人标准、人才招募、人才使用、绩效激励等，环环相扣、互相约束，架构系统性强。

（3）随着华为业务的持续发展，华为人才管理的策略和实践也在持续迭代，力求实用和灵活。

有人会问，是不是要等到企业做大了以后再关注人才管理？答案是否定的。即使企业规模很小，也需要将人才管理放在战略高度去对待。如果早期不把人才管理放在战略高度，等到企业规模扩大以后再调整人才策略就来不及了。优秀人才队伍的形成需要一个过程，前期不重视会导致人才队伍质量不达标，无法支撑企业持续健康成长。所以，人才绝对是企业要高度重视的管理要素。

可能有人要问：企业管理涉及人、财、物等各方面，为什么说人才管理关系企业的核心竞争力呢？实际上，这是由人才管理的重要作用决定的。

（1）人才管理是发挥企业功能的催化剂。人才是企业富有能动性的资源，同时又是最难驾驭的生产经营要素之一。因此，企业需要有效的人才管理，促进功能的有效发挥。企业规模越大、分工协作越精细，人才管理对于企业的价值也就越大。

（2）人才管理是企业实现目标的重要保证。人才管理的作用是将企业的目标转化、分解成单个人才的任务目标，并将其合理组合、协调。通过这一转化分解、组合协调的过程，企业的目标得以落实到个人；通过发挥个人潜力、完成个人任务，企业实现了既定的工作目标。例如，在一个交响乐队中，每名乐手都有自己擅长演奏的曲目，如果没有指挥人员，演奏效果无法保证。同样，企业如果不在人才管理上多下功夫，则会出现人与人、部门与部门之间不和谐、不协调的情况，进而会影响企业实现发展目标。

第三节　企业面对的外患与根源

一、企业面对的外部困扰

此处"外部困扰"是指企业所面临的外部环境变化。自2020年开始，受贸易保护主义和单边主义的影响，全球产业链进一步重塑与调整。这也深刻改变了企业的外部发展环境，给经济发展带来了多重压力。作为我国对外贸易的主要参与者，民营企业贡献了我国45%的贸易出口总额。因此，在全球贸易环境剧变的背景下，一些以出口为主的民营企业受到冲击。

企业所处的外部经营环境主要包括政治、经济和社会发展状况，以及相应的基础设施建设等。在外部环境较差的情况下，企业的信息沟通、原材料供应、人力资源配置、生产流程以及产品销售等环节都可能受到影响。这些问题可能导致企业经营困难，影响经营效益。

二、企业外患的根源

企业经营环境主要由三个因素构成：政治、社会发展状况、经济发展状况以及配套设施等社会服务条件。

政治及社会发展状况主要包括：国家政权是否稳定、社会是否安定等。政治及社会发展状况对企业的影响是直接和深远的。

国家政权的稳定是企业健康发展的重要保证。在一个稳定的政权下，政策制定和执行更具有连续性，这为企业提供了一个可预期的运营环境。例如，企业可以基于政策进行长期规划。反之，政策频繁改变可能使企业在规划和决策上频繁调整，影响企业的长期发展。

社会安定情况也是企业不能忽视的因素。一个社会环境稳定的地区，治安良好，有利于企业发展。反之，则会对企业的生产和经营活动产生直接冲击，导致生产延误，增加运营成本，甚至影响企业的生存。

政治和社会的稳定是企业发展的基础，不确定性将给企业带来挑战。企业需要适应环境变化。

经济发展状况对企业经营的影响主要有三个方面：经济周期、通货膨胀和产业政策。

首先，经济周期由经济扩张和经济衰退两个阶段组成，直接影响着企业的销售收入。在经济扩张阶段，消费者的购买力强，市场需求大，企业的销售额能得到提升；而在经济衰退阶段，消费者的购买力减弱，市场需求萎缩，企业面临销售额下滑的风险。因此，理解和预测经济周期对企业经营至关重要。

其次，通货膨胀也对企业经营有重大影响。通货膨胀一方面会导致货币购买力下降，商品和服务价格上升。这会增加企业的经营成本，压缩企业的利润空间。另一方面，如果企业能够将增加的成本化解，那么通货膨胀也可能带来企业销售收入的增加。因此，通货膨胀对企业经营的影响既有挑战，也有机遇。

最后，产业政策是影响企业经营的另一个关键因素。政府通过产业政策对特定行业进行引导和调控，这对企业的发展方向、投资决策、生产经营等可能会产生重大影响。比如，对新能源、人工智能等行业的扶持政策会吸引更多的企业投资。而对环保、安全等方面的严格要求则可能增加企业的经营成本，当然这种增加也是发展的必然。

企业的经营受到社会服务水平和配套设施的直接影响。基础设施，如运输、通信和电力供应等是企业日常经营的必需品。如果一个企业所在地的通信设施落后，那么企业与外界的信息交流会受阻，会对产品销售等产生负面影响。

技术水平是影响企业经营的另一个关键因素。广义的技术水平包括所在地的经济水平、技术政策、新产品开发能力以及技术发展趋势等。技术创新能带来创造，从而丰富产品多样性。在任何社会或企业中，技术水平在决定生产何种产品、提供何种服务、采用何种设备、如何管理生产等方面都起着至关重要的作用。

第四节　经营者的思维决定了企业发展高度

企业失败往往是由多个因素共同导致的，其中企业经营者的经营理念出现问题是主要因素之一。1997年至2007年，一些跨国公司，如西门子、壳牌、宝洁等都因为领导层的决策失误而遭遇了重大危机。然而，有些公司却在新领导的带领下走向成功，这也证明了优秀经营者对企业发展的重要性。

在企业管理中，选对经营者和设立健全的监督体系非常重要。优秀的经营者能够确保企业有序运营，即便在危机中也能稳定局面；而不善于管理的经营者则会使企业陷入困境。

一、经营者的思维

在企业中，不同的员工思维是不一样的。普通员工更多的是具有社会思维，他们把企业看作与社会对接的一个平台，把企业的其他员工看作交往的对象；一般管理人员更多的是具有政治思维，他们往往是从平衡各方利益的着眼点开展各种活动；职业经理人更多的是具有法治思维，他们往往试图建立一个体系，包括明确组织架构、制定管理制度、设计操作流程、制定作业标准等；经营者更具有资源思维，他们不只把企业的财产看作经济资源，还把企业的员工看成人力资源，思考如何最大限度提高效率。

事实上，一个企业只有各种思维方式并存，才能健康成长。每个人并非单一地只有某种思维，企业经营者也要有社会思维、政治思维和法治思维，普通员工也要有政治思维、法治思维和资源思维。一般管理人员和职业经理人也同样不止有一种思维，而是同时具有几种思维。只是某种思维在某时会占主导地位。虽然很多经营者并没有意识到资源思维的存在，却会不自觉地运用这种思维于经营管理活动，甚至还会影响日常生活。他们中的一些人虽然有钱却省吃俭用，但在慈善方面出奇大方。

其实很容易理解这些经营者的行为方式，经营者自己当然要勤劳俭朴，俭朴是为了提高物质资源的利用效率，勤劳是为了提高"人力资源"的利用效率。经营者在慈善方面慷慨,是因为他们知道,财富在最急需的地方最能发挥作用。此外,还可以发现,他们的慈善事业是有选择性的,捐助方向基本符合企业经营管理的资源配置原则。他们有可能捐助教育事业,这符合资源配置的重要性原则;他们有可能捐助医疗事业,这符合资源配置的紧急性原则;他们也有可能捐助灾区建设,这符合资源配置的效率性原则。

二、所有者权力和经营者权力

现在,"企业家"与"职业经理人"、"老板"这两个概念之间的关系有些理不清了。所谓"老板",一般是指从所有者的角度来行使企业的经营管理权的一个群体。所谓"职业经理人",一般是指从经营者的角度来行使企业的经营管理权并以此作为职业定位的一个群体。职业经理人只是拥有企业经营者权力,而不拥有企业所有者权力。老板最好只拥有企业所有者权力,而不应拥有企业经营者权力。

所有者权力和经营者权力是现代企业的两个重要概念。所有者的权力一般包括:经营团队主要领导的任免,决定企业的经营方针及发展规划,财务预决算的批准,制定投融资决策,以及其他一些重要的经营决策。经营者的权力包括:实施企业的经营方针及发展规划,组织具体的投融资业务,处理日常经营管理事务等。

一些老板虽然聘请了职业经理人,但实际上只是把他们当成助手,或者只是当成顾问。这些职业经理人被置于企业的决策圈之外,缺少基本的经营管理权力。

另一方面,有些职业经理人表面上对老板十分顺从,但自恃有丰富的理论知识和实践经验,瞧不起老板。这些人往往无视老板的成功之处,自以为是,把自己定位为老板的师傅;他们往往无视企业骨干的力量,把自己定位为企业的"救星";他们往往无视所有者权力和经营者权力的划分,认为自己有权主宰企业的一切。他们错误地理解所有权和经营权的分离,认为"所有者只要坐在家里等着分享利润就行了,如何赚取利润应该全部交给经营者来做"。正是基于上面这些错误的认识,一些企业聘用职业经理人的尝试以失败告终。

职业经理人被问得最多的一个问题也许就是:"你为什么不自己创业当老板?"这个问题反映了一个现状:还没有形成完善的所有者和经营者的委托代理关系,以及完善的职业经理人的激励与约束机制。老板们不敢把经营管理权交给职业经理人;同时,职业经理人又有一个不断成熟的过程,整体素质还有待提高。

当然,老板也需要经历一个不断成熟的过程。老板在企业的不同发展阶段,会表现出不同的特征。一般来说,企业会按照创业、管理规范化、扩充规模、管理再升级等几个阶段发展。部分企业无法完整地经历这四个阶段,它们往往还在发展过程中就夭折了。

一般来说,在创业阶段,老板会身兼数职,除了是老板,还是主管,甚至是员工。这时候的企业更多是依赖生产技术或者市场,对管理的要求不高。此时企业最大的风险是现金流不稳定、市场不稳定。这个阶段对于老板来说,最重要的是要把握各种稍纵即逝的机会,获得自己的第一桶金。

在管理规范化阶段,因为企业的规模达到了一定程度,由此带来的各种问题越来越突出,尤其内部管理成为企业进一步发展的瓶颈,企业不得不引入初级的管理技术,需要量化管理和精细化管理。在这个阶段,老板处理具体事务的时间相对较少,但还兼有厂长和主管职能。这个阶段,企业最大的风险是管理规范化问题不能得到很好解决。对于老板来说,最重要的是能够适应企业规模的变化,及时转变思路和工作习惯，以身作则地带领企业走向规范化管理。

在扩充规模阶段，企业已经具有了一定的实力，管理力量也强大了，原有产业市场空间越来越小了。企业为扩充规模、分散风险，开始以并购等方式快速扩充规模，或者兼并同行，或者向其他现有产业互补的方向发展，或者向产业链的上下游发展。这个阶段，老板基本上只是处理高端业务，企业最大的风险就是投资失败。对于老板来说，最重要的是找到合适的职业经理人，把握投资机会。

在管理的再升级阶段，企业已经极具影响力了。在这个阶段，企业最大的风险是机制风险，需要有一套既稳固又灵活的运行机制，既能保持稳定发展，又能保证与时俱进，不受管理者变化等突发性因素的影响。在这个阶段，对于老板来说，最重要的是淡化自己对企业的影响，勇于判断是否应该退居幕后，成为专职的资本所有者。

三、企业家

什么是"企业家"？在理论界，有人认为，企业家是指"将资源从生产力和产出较低的领域转移到生产力和产出较高的领域"的一群人。也有人认为，企业家是指在企业中能够独立自主地作出经营决策、承担经营风险并享有经营收益的人。而多数人认为企业家精神包括：创新、冒险、合作、敬业、执着、诚信。

至少要满足以下三个条件才可以称为"企业家"：

一是具有提高各种资源利用效率并增进社会财富的能力；

二是掌控调度一定规模资源的能力；

三是通过企业平台为社会创造财富的能力。

第五节 成功企业的设计之道

优秀的企业经营者不走寻常路,过去可能是"摸着石头过河"。现在,需要深入理解企业在各种商业环境中的生长和发展规律,以帮助企业做好设计。企业设计的核心是适应商业环境变化,即能快速自我"进化",因为在商业世界里,"适者生存"比"做大做强"更重要。那么,企业设计是什么?与大众熟知的企业经营和管理之间有什么关系?

企业设计主要涉及五个部分:商业模式、流程、管理机制、组织生态和企业文化设计。

商业模式设计,也叫作企业的经济基础设计。通过"基因工程手术",如剪裁、组合、增减、重组和变异等,企业在价值链上打造自身的价值增值模式,实现自我盈利、生长和进化。

企业流程设计:升级企业的业务和管理流程。运用并发、中断调用、预测分支、队列穿插、负载迁移等技术,加快流程进度,提高效率。

管理机制设计:创设可自行运行的游戏规则,借助当事人的利益追求,实现自我组织、驱动、管理,促使企业从"如何管理"转向"如何自我管理"。

组织生态设计:将企业内部各类人员形成的群体,如非正式组织等,与正式组织一起纳入一体化设计,构建一个多样性的组织生态系统。

企业文化设计:根据企业所在地的人文环境,创造出与社会文化既有区别又有联系的文化小环境。其中,企业形象设计是企业文化设计的重要部分。

这五大核心模块从不同层次对企业运营进行科学设计,各有侧重又相互衔接。从生产力到生产关系,从经济基础到上层建筑,先设计商业模式,打造底层商业逻辑,然后梳理业务和管理流程,构建内部管理机制,最后考虑的是企业组织和文化建设。

一些创业者先关注企业的组织架构和职责划分,却忽视了盈利模式。在当前环境下,企业不能只依赖生产,而忽视经营模式、流程和机制。

企业设计、经营和管理是互相关联的,需要先设计,再运营,然后管理。这构成了三个并行的部分。

企业设计:根据企业的实际情况,为企业定制适合自身、个性化的,甚至独特的经营管理体系。

企业经营:研究企业的外部市场活动,探讨企业与外部环境(如市场、社会、政府)的关系,以及企业与环境之间的资源交换。

企业管理:研究企业的内部组织活动,包括人力、财力、物力管理,以及如何使用这些资源来实现企业目标。

过去,人们将企业经营和企业管理视为同一概念。现在,随着企业设计的出现,三者之间的关系变得明确。企业设计处于先导位置,而经营和管理在后。如果企业在设计阶段就存在问题,那么在运营和管理阶段更有可能遇到困难。一些企业之所以在经营管理上出现问题,是因为缺乏科学的系统设计。好的设计可以使企业实现自我适应、调节和运行。反之,如果设计欠佳,则可能需要在后期投入更多的管理精力。

第二章

02

思维破局

创新的本质是一种超越常规思维的方式,如德鲁克所说,创新就是创造资源。思维是宝贵的资源,决定了人的视野和远见。无论是模仿创新还是颠覆性创新,本质上都是在变化中寻找机会和应对策略,而不是被固定模式限制。

第一节　创业者应该做什么

在不断变化的市场环境中,创业者的破局之道在于应对挑战和变化。企业成功的关键因素不是资金和技术,而是拥有能够创新思维的人才。经验有时会局限人的思维,使人难以创新。因此,创业者需要打破这个局限。

创新的本质是一种超越常规思维的方式,如德鲁克所说,创新就是创造资源。思维是宝贵的资源,决定了人的视野和远见。无论是模仿创新还是颠覆性创新,本质上都是在变化中寻找机会和应对策略,而不是被固定模式限制。

因此,成功的企业家要持续地挑战自己的思维模式,适应市场变化,灵活应对实际情况。

成功的创业者需要三大思维:预见未来,全局思维,从外向内思考。

1. 预见未来

以未来为导向,首先,具备时间和空间感,看到时间维度,理解人生的多元路径,过好自己的生活;其次,理解生活节奏,把握自己的步调,无论别人处于何种速度。

这种思维模式其实涵盖了一种预见性、决策优化和长远规划的能力，对于创业者的成功至关重要。

多数人在考虑创业时，都从现在出发，考虑自己当前的需求。例如，他们可能会想获得更多的利润，提升生活质量，或者解决一些眼前的实际问题。然而，这种立足于当下的思维方式可能会让他们陷入一种短视的状态，忽略了长期的规划。

成功的创业者往往能够逆向思考，他们在制订计划和决策时，不仅会考虑到当前的情况，更会预测未来的发展趋势和可能出现的问题，然后逆向规划现在的行动。这种思维方式可以帮助他们在复杂的商业环境中脱颖而出，实现成功。

实际上，这种逆向思维方式在很多成功创业者身上有体现。例如，电商模式的开拓者，在互联网还未普及的情况下，大多数人对此领域的发展前景持怀疑的态度，但是他们创建了互联网公司。当时，部分商家还停留在传统的交易方式，甚至还有一些人并没有接触过互联网。而电商模式的开拓者看到的，是未来的商业形态和交易方式，看到的是互联网带来的革命性改变。他们坚定地认为，未来的商业是电子商务，决定创建可以让各地的小型企业都能进行交易的网站。那时，这个想法无疑具有前瞻性，但被一些人视为"异想天开"。然而，随着互联网的发展，电子商务开始渗透到人们的日常生活中，"异想天开"的想法慢慢变为现实。随着电子商务的兴起而崭露头角，他们创立的公司逐渐成为如今大家所熟知的电子商务平台。

因此，创业者不仅需要预见未来的发展趋势，更需要勇于承担风险，坚持自己的信念，以实现长远的目标。更为重要的是，"从未来看现在"的思维方式还有一个显著的优势：可以帮助创业者克服眼前的困难和挑战。例如，面对困难时，他们不会轻易妥协，而是坚持自己的理念，积极寻找解决问题的方法,从而走向成功。

"从未来看现在"是一种重要的创业者思维,不仅可以帮助创业者更好地预测和应对未来的挑战,还可以促使他们在当下作出更明智的决策,实现成功。正在创业或准备创业的人,可以试着培养和应用这种思维方式。

2. 全局思维

一些企业常常由客户和销售员主导,或者被内部的欲望所驱动。这是因为它们缺乏整体布局。创业者需要像下围棋一样,根据全局调配资源。

全局思维首先需要创业者对业务进行深入了解,包括内部运营流程、公司文化、市场环境、客户需求等多方面。只有了解企业运作的全貌,才能够更好地进行决策和规划。具有全局思维的创业者,才能站在更高的角度观察和分析问题,而不局限于个别的问题。他们知道,成功的企业需要具备长久的竞争优势,进而需要对市场趋势、技术发展、社会环境等外部因素有深入的了解。

全局思维在产品营销中也显得尤为重要。产品营销不仅是产品打造和销售,更需要考虑产品定位、目标市场、价格策略、促销策略、分销渠道等多方面的因素。具有全局思维的营销人员会从产品生命周期的全过程进行考虑,使产品能够在市场中获得成功。

然而,具备全局思维并非易事,需要创业者有广博的知识,对行业有深入的理解,对市场有敏锐的观察力。同时,还需要具有勇气和决心,因为创业者往往要作出长远、有可能带来艰难的决策。

全局思维,也被称为系统思维或战略思维,是创业者具备的思维模式之一。通过全局思维,创业者可以对企业进行全面的规划,作出有利于企业长远发展的决策。

3. 从外向内思考

面对每天的问题，如员工流失、产品延迟交货等，创业者要从客户角度出发，筛选出真正需要解决的问题。目标是客户满意，而不是解决所有问题。

从外向内的思考也是创业者要具备的思维方式，这种思维方式要求创业者将目光从企业内部转向客户，以客户为中心来解决内部问题。

首先，明白企业是为客户服务的。在日常运营过程中，面临无数问题，如员工流失、产品交货不及时、原材料质量问题等。然而，如果沉浸在这些问题中，可能失去对企业更大目标的关注。作为创业者，需要从客户的角度出发，筛选出真正需要解决的问题。例如，员工流失率高，需要弄清楚这是否影响了客户服务的质量。如果影响了，就要从改善员工待遇和工作环境的方面解决问题，而不是试图招聘更多的员工。

其次，将注意力集中在目标客户的满意度上。企业的成功并不是解决了所有问题，更不是取悦所有人。相反，成功的创业者更清楚自己的目标客户是哪些，致力于提供高质量的产品或服务以满足客户的需求。

最后，以客户为中心的视角解决内部问题。对于创业者来说，外部问题，如客户满意度、市场份额等，直接关系企业的生存。而内部问题，如员工满意度、生产效率等，虽然重要，但可能只是影响企业运营效率的因素。因此，创业者应该以解决外部问题为首要任务，然后再从外部问题的解决中寻找提高内部效率的方法。例如，客户不断对产品质量进行投诉，企业可能需要改进生产流程，使生产效率提高。

美团是一个生活服务电子商务平台，通过从外向内的思维来提供一系列的服务,包括美食、酒店、旅游、电影等。美团始终将消费者的需求放在首位,坚持以消费者为中心解决问题。以美团外卖为例,面对外卖送餐延误、食物质量问题,美团始终站在消费者的角度思考,以提供高质量的食物和准时的送餐服务为目标。例如,为了减少送餐时间,美团优化了送餐路线并引入大量的配送人员。在食物品质方面,美团不仅严格筛选商家,还引入了各种评价机制,让消费者对商家的食物品质有足够了解。

"从外向内"思考是一种将企业内部运营和外部市场环境紧密结合的思维方式,强调企业要将客户放在首位,以提高客户满意度为主要目标,从而有效解决内部问题。

第二节 简单、高效、快捷的思维

"简单、高效、快捷"的思维有助于提高企业运营效率、降低成本、增强竞争力并满足客户需求。

一、管理思维

1. 简单

在企业管理中,简单化的思维方式可以帮助企业经营者专注于核心业务，避免不必要的复杂性。这种思维方式有助于降低内部协作的障碍，提高员工的工作效率。同时，简单的组织结构和管理流程可以减少企业运营成本，提高竞争力。简单化的管理思维还有助于提高产品性能，满足客户对简约、便捷的需求。

2. 高效

高效的管理思维强调通过优化流程提高资源利用率、减少浪费，以尽可能实现企业运营的最大效益。这种思维方式有助于提高企业的生产力，缩短产品的上市时间，增强企业在市场中的竞争力。高效的管理还有助于提高客户满意度，因为企业能够更快速地响应客户需求，提供优质的产品和服务。

3. 快捷

快捷的管理思维强调企业在面对市场变化和竞争压力时，能够迅速做出调整和应对。这种思维方式有助于提高企业的创新能力，抓住市场机遇，应对潜在风险。快捷的管理思维还有助于提高客户满意度，因为企业能够迅速响应客户的反馈和建议，不断优化产品和服务。

简单、高效、快捷的管理思维有助于企业降低运营成本，提高竞争力，满足客户需求。这种思维方式要求企业在管理过程中不断地审视和优化流程，提高资源利用率，关注市场变化和客户需求。

二、实现简单、高效、快捷的管理

在竞争激烈的市场环境中，企业要想在竞争中取得优势，实现可持续发展，就需要实现简单、高效、快捷的管理。

1. 明确目标与战略

企业应首先明确自己的愿景和使命，确保员工对企业的长远目标有清晰的认识。企业应将战略目标细化为可操作的、具体的目标，确保员工能够理解并付诸实践，例如，某网站的四大战略原则——客户至上、长期投资、颠覆性创新和长期思考。

2. 简化组织结构与流程

企业要适当降低层级，减少管理层，形成扁平化的组织结构，对内部流程进行梳理和优化，消除冗余，以提高决策效率和执行力。甚至可以建立灵活的组织结构，以适应不断变化的市场环境。例如，Spotify（声田）采用"部落"组织结构，将员工划分为跨职能的小团队，提高了企业应对市场变化的敏捷性。

3. 培养高效的人才

企业投入资源进行员工培训，提升员工技能，为简单、高效、快捷的管理提供人才支持，同时采取合理的激励措施，提高员工的积极性和执行力。例如，腾讯推行绩效考核制度，通过对员工的绩效评估，实施奖金和晋升等激励措施；阿里巴巴建立了完善的员工培训体系，培养了大量的管理和技术人才。还要鼓励员工积极发现和解决问题，提倡快速试错，以便在错误中学习，持续改进。

4. 用科技手段提高效率

企业可以利用数字化技术，如云计算、大数据分析等，提高信息处理和决策效率；运用人工智能、机器学习等技术，实现生产和服务过程的自动化，提高生产效率，降低成本；利用远程办公和协同工具，提高员工协作效率，减少沟通成本。阿里巴巴利用大数据技术对消费者行为进行分析，为企业提供精准的营销策略建议；亚马逊运用机器人技术改进仓储物流系统，大幅提升了物流效率。

5. 以客户为中心

企业应以客户需求为导向，关注客户体验和满意度，及时调整产品和服务，重视客户关系管理，维护客户的满意度和忠诚度。例如，某手机生产企业始终关注用户体验,持续改进产品设计,赢得了市场和消费者的认可;某咖啡品牌通过会员制度、定制化服务等方式维护客户关系,提高客户忠诚度。

通过实施这些方法,企业能够实现简单、高效、快捷的管理,从而在竞争激烈的市场环境中脱颖而出,为客户创造更大价值。在实践过程中,企业需要根据自身的特点和市场环境,灵活运用这些策略,并持续改进和优化,以实现简单、高效、快捷的管理目标。

第三节　定位与聚焦的思维

一、定位理论

1972年,定位理论被提出,开创了新的营销思想和观念。定位是企业的动态过程,主要通过对企业产品和竞品的深挖,有针对性地服务用户和市场,使企业成为行业领先者,并具有话语权。

二、对核心品牌定位

企业如何围绕一个核心品牌进行定位呢?企业在定位上聚焦核心品牌有以下两种方式:

一种是认知聚焦：考虑顾客的心理感受，聚焦某些品类

企业可以先考虑用强大优势的特定品类建立品牌，这是成为行业领导者的方法之一。相反，选择弱势品类打造品牌是很难实现的。不是所有的东西都可以成"形"，如果是抽象品类中的强势品牌，将其延伸到弱势品类是可以接受的。显而易见，各种零食、各种水果等，客户不可能记住每一种品牌，所以大家要了解品类背后的东西——一切来自客户的心智。品类太多，薄弱品类无法打造专业品牌。当然，不是每个品类都需要打造一个专业品牌，弱势品类无法打造专业品牌。

另一种是营销聚焦：重点考虑范围和抽象品类

在营销操作上，可以重点抽象品类。这不同于认知聚焦。认知聚焦考虑了客户的心理感受，而营销聚焦则考虑以下几个方面：

品类的经济特征：季节性，如果端午节前后，销售粽子员只专注卖粽子，其他季节的生意是做不到的。

认知的相关性：客户认为月饼可以做好，其他烘焙食品也可以做好，但不能说洗发水做得好，凉茶也能做得好。

适合性与一致性：主要出于多模态优势的考虑，例如，饮品的生产线可以共用。

经济盈利能力：边际回报减少，而不是最小化。只要能达到一个经济范围，可以考虑并入品类。研究表明，客户一般会一起购买抽油烟机和消毒柜，如果你不卖消毒柜，客户可以购买其他品牌的消毒柜。当然，一定要考虑推广成本及对生产的影响，如果过度推广，很难控制材料、品控、研发。

品牌聚焦是赢得客户的关键，通过明确的定位，利用商业策略，让品牌深植客户心中。重要的是，企业需要取舍，集中有效资源，否则定位就成了口号。若要使品牌在客户心中代表一个品类，需要对该品类进行创新。

然而,一些企业并未真正执行这一策略。这些企业不愿聚焦定位,导致品牌扩展并未带来利润,反而使企业负担加重。

定位理论与大多数企业的行为相悖,模仿竞争对手并非成功之道,只有敢于创新,才能在市场竞争中胜出。

第四节　识人与用人的思维

实践证明,有资源和资金优势不一定有发展优势,人才才是真正的战略资源。唯有人才,才能获得真正的效益。一个企业即使资金雄厚,设备先进,如果没有高质量人才,也很难取得良好的经济收益。有一种说法:"夺走企业的财富,但只要企业留住有用的人才,五年后企业会拿回被夺走的东西。"这句话说明了人才在现代企业经营中的重要性。智力资本在知识经济中起着决定性作用。正因如此,企业决策者都把智力资本的投资、获取和运用作为战略法宝,不惜任何代价开发人力资源。

古人云:"十箭之泽,必有芳草;十步之遥,必有俊杰。"世界上不缺少人才,只缺少发现人才的眼睛。若想找到千里马,领导者要有伯乐的眼光。领导者要树立求贤若渴的思想,消除个人主观感受,不拘一格,包容一切,才能引进更多的优秀人才。用人就是把合适的人才放在合适的岗位上,让人才发挥更大的作用。"不知人之短,不知人之长,不知人之长中之短,不知人之短中之长,则不可以用人。"在考察用人上,管理者要深知人有长短,取其所长,知人善任,而不能"一叶障目"。尽可能深入了解每一位员工的才能,让他们发挥所长,使更多优秀的人才脱颖而出,让企业充满活力。

"其身不正,有令不行;其身正,不令而行。"以身作则最有说服力,以身作则的领导者的行动是对员工最有力的动员。领导者坚定自己的心态,增加人格魅力,以德立德,以诚创威,以自己的模范行为感化员工。在此基础上,纪律严明,奖罚分明,厚德载物,打造团结一致、坚不可摧的坚强团队。

第五节　平台与联盟的思维

一、平台思维

21世纪,企业商业模式的创新与平台思维有着千丝万缕的联系。只有具备平台思维,才能实现企业发展模式的平稳转变。什么是平台思维?平台思维是互联互通的网络思维、开放创新思维的工作方式。

平台思维提倡开放、共享、共赢。平台思维的本质是创造一个包括多个利益相关者的生态系统，实现多赢的共生圈。

展览、论坛、会议等都是平台。通过这些平台，对信息、人才、技术、资金等优质资源进行汇聚整合，深度挖掘，不仅拓宽视野和思路，也让资源之间互动，实现创新并创造元素的乘积值。不搭建平台，不同元素之间就形不成关系，产生不了互动，更无法整合资源。因此，平台思维本质上就是充分利用市场机制整合资源。

平台思维的主要思想是以用户为中心，充分搭建产品与平台的关系，多方位打造融合关系，全面满足用户需求。这样的商业模式可以提升用户体验，增加平台和用户的价值，实现商业模式价值最大化。在传统的商业模式中，一些企业在没有正确联系的情况下单打独斗。从企业整体发展和满足用户需求的角度来看，这不仅造成资源的巨大浪费，而且很可能没有利润可言。因此，企业应该关注用户的需求，包括用户购买了什么，有什么需求，如何满足这些需求，这些问题应该通过商业模式构建的平台加以解决。

传统企业的商业模式虽然还有发展空间，但确实遇到瓶颈期。信息技术的发展推动了平台思维的发展。平台思维将使企业从过去的层级利益持有者转变为所有者运营资源的平台。

1. 共建

企业的商业模式不再是自己的业务，也不是自己建设。一个实体既然搭建整个平台，那么，企业应该利用自身的能力，引入更多的实体参与到平台的创建中来，打造一个更加稳定合理的平台。

2. 共享

在互联网时代，利益相关者之间的联系之所以能够变得更加牢固，正是因为这种共享的、即时的互动。相反，如果企业商业模式设计缺乏这种双向互利的共享机制,就称不上真正的平台思维。此外,平台思维还强调将商业模式作为技术交流和平台共享的载体,成为企业与合作伙伴长期沟通的基础。

3. 共赢

平台企业要想盈利,需要达到一定的规模,而要达到一定的规模,就要吸引足够多的利益相关者。因此,平台的交易结构要能够让多方利益相关者实现共赢。企业经营者在设计平台时,不应简单地将买卖双方视为对立关系,应赋予他们平台上不同的角色,如支付方、补贴方,最终利益共享。

4. 开放

互联网是思考平台商业模式的最佳平台。由于互联网在数据库和信息管理方面具有优势,企业商业模式可以得到快速扩展,企业主体可以获得更多的连接。在这种思路下设计出来的平台,不是一个简单的层级结构,而是一个完整的网络结构,具有去中心化的特性,使企业能够更好地获得长期收益。平台思维创造的商业模式可以改变现有的商业模式,给企业发展创造更多的机会。

二、动态联盟思维

动态联盟是一种灵活的商业合作模式,企业为了快速应对新的市场机会而形成。这种合作模式是暂时的,依赖于某种特定的市场机会或新技术,一旦这些条件不再存在,联盟就会解散。动态联盟的核心是企业之间的诚信合作、共享利益,共担风险、实现共赢。

动态联盟需要遵循一定的程序,虽然实施中可能会遇到障碍,但现代信息技术的发展和新生产模式的推广为其提供了技术支持。

动态联盟将企业间的竞争转化为集体之间的竞争,使效率更高且更具竞争力的联盟企业得以并肩前进。联盟企业虽然并非属于同一实体,且目标不尽相同,但其利益是相互关联的,从而实现营销的统一。在动态联盟中,双赢思维至关重要,每个企业在追求自身利益最大化时,需要保证其他企业的核心利益和利润目标。

动态联盟以合作导购为基础,整合来自各方的资源(如品牌形象、分销网络、社会关系、营销经验等),实现资源共享、取长补短。这样可以实现优势的叠加,使营销更加有效。这些影响突出表现在以下几个方面:

1. 有效地减少营销成本

由于联盟企业共同承担投入,相当于其他企业提供了一定程度的免费推广或销售便利,企业因此"免费"使用了它们的营销资源,从而降低了营销支出和成本。

2. 扩大消费群体

由于联盟企业的消费者并非完全重叠,它们可以通过联盟效应或消费者引导,将彼此的消费者逐渐纳入各自的消费群体。这不仅增加了潜在消费者数量,扩大了产品的消费群体,同时也利用了联盟中其他企业的优势,从而拓宽了市场。

3. 扩大品牌影响

联盟企业的导购员通常会利用其他品牌的影响力和宣传能力来提升各自品牌的知名度、美誉度和忠诚度。此外,联盟企业可以在销售终端为其他成员提供宣传推广的便利,并分享成功的营销策略,实现经验共享,进一步扩大品牌影响力。

4. 有利于新产品推广

通过加入联盟,企业可以借助联盟的力量,迅速提升新产品在区域市场的覆盖率和知名度,从而增加销量。因此,动态联盟是一种推广新产品的成本低、效率高的有效策略。

5. 减少企业在营销环节的投入

在竞争激烈的市场环境中,企业需要专注于自身的核心优势,可以将非核心业务外包,实现供应链分工。借助经销商在区域市场的地理和资源优势,企业可以将大部分或全部的促销导购管理工作交给经销商,节省交易费用和管理投入。通过整合各方优势,建立稳固的合作关系,动态联盟可以为企业带来持久的共享利益。

6. 市场信息共享,合作关系增值

随着合作时间的增长和深度的加强,企业之间的关系不再局限于简单的交易,而是实现了市场和技术信息的交流,提高了市场效率,挖掘了市场潜力,并使交易关系升级为增值的合作关系。借助强大的信息交换和处理能力,各企业可以充分分享信息优势,提高竞争力。比如,A公司可以将其市场信息系统、市场分析结果、市场需求预测等信息提供给联盟经销商,而经销商则可以将这些信息部分或全部提供给其他联盟成员,以提高它们的市场销售。这样的信息共享可以降低获取信息成本,提高企业效率。未来,这种趋势可以扩展至整个供应链的决策系统,使联盟企业能清晰地观察到物流、资金流、信息流,从而形成真正意义上的动态联盟。

7. 强化终端营销的核心优势

联盟企业只需专注于自己擅长的部分,通过共同合作,提升整体市场效益。

8. 强化与区域经销商的商业信誉关系

动态联盟由区域经销商发起,为成员企业提供便利,将经销商与生产商的利益更紧密地绑在一起,形成利益一体化。这不仅强化了双方的商业信誉,降低了交易成本,而且通过联盟契约关系,推动了各领域的合作。

第六节 用户与社群的思维

一、用户思维

在传统的管理和营销中,企业需要做两件事:创新和销售。一些企业的老板都是营销专家,把全部的精力倾注在销售上。而销售离不开客户,传统企业要做好销售工作,需要努力让客户满意。

为了更好地尊重客户,企业开展以客户为中心的服务。但由于客户被动地接受产品和服务,如果企业打不开沟通渠道,客户依然没有办法诉诸自己的意见和想法,反而变成了一种单方面的馈赠,不利于平等和相互尊重。

用户思维与客户思维有着巨大的区别,在数字化的商业世界中,主角已经转变为用户,使得商家与客户的关系发生了变化。客户受到产品吸引,通过诚实交流,打造了全新的商业共同体。用户思维主要有三个特点:

特点一:用户思维是基于情感的,而非基于传统信息的客户思维。这种思维把每一位客户看作朋友,通过产品建立感情链接,而不像传统的客户思维那样,通过广告和促销来推销产品,达成交易。

特点二:用户思维基于信任和认同。只有当产品的体验超出客户的预期,满足他们的深层次需求,甚至成为他们生活方式的一部分时,才能赢得他们的认同,使他们成为忠诚的用户。

特点三:用户思维也是一种社群思维。关注、产生兴趣、成为用户、转化为粉丝,再通过持续的体验创建社群,这就是用户思维的过程。产品的吸引力塑造了社群,社群使社交平台变得容易产生转化。

用户思维强调情感、信任和社群,是面向未来的新型商业思维方式。

二、社群思维

自互联网出现以来,人们生活在不同的社群里,刷朋友圈、聊QQ、看直播……较早的社群是BBS,按地域、兴趣组织联系在一起,是一个聚集了大量志同道合的人参与其中的互动社区,风靡一时。随着时间的推移,社区的形式也在演变。论坛之后,博客、QQ、微博等一个接一个产生,到现在出现了微信、直播、短视频、自媒体,各种形式的社群。多元化社群,尤其是微博、微信、自媒体等移动社群的出现,改变了信息传播和内容分享的方式。这些社交媒体用户不少,而且黏性较高。对于正在寻找更多用户的企业来说无疑是巨大的平台,于是企业纷纷投入其中,逐渐转变为商业社群。

随着移动互联网的发展,社群越来越受到各方的关注。同时,社群本身也呈现出一些新的特点,如功能定位从单纯的社交平台转变为"社交+商业"综合体,信息交互方式从单向交流转变为双向交流。这些新特点让企业开始重视社交营销在营销中的运用。现在的社群可以分为两种类型:一种是产品型社群,一种是兴趣型社群。产品型社群以小米社区、哈雷摩托等为代表，源于用户对产品的热爱。它们以线上和线下两种形式组织起来，商业转化的机会相对较高。而兴趣型社群更为常见，如铁血论坛、旅游吧等。这种跨区域的兴趣连接型社群相对薄弱，商业转化能力也比较弱。

社群是一种天然的客户关系管理系统，通过它可以有效地管理自己的用户，这是社交营销的特点。例如，用户可以集中讨论企业决策、营销计划、品牌、产品等，并提供快速反馈。再如，广告一旦投放，通过传统营销渠道很难看到客户反馈，难以达到预期的效果；有了社群，企业可以将客户置于社群集中管理，通过创造更好的交互场景，使企业和客户充分交流，为优化决策和解决问题奠定基础。

社群不是一群人的简单集合，更不是简单元素的集合。社群有自己的表现形式，各元素之间存在高频互动。这意味着社群要有一个社会关系链，鼓励每个人自愿地聚集。那么企业如何建立社群关系链呢？至少要做好以下四个方面：

1. 社群定位

一个社群不能盲目追求规模，需要准确定位，可以走个性化、小众化的道路。在定位社群之前，要了解社群的分类和企业本身的性质。不同的社群有不同的玩法，吸引不同的用户。因此，在建设社群的时候，先弄明白要建设什么样的社群，是情感社群还是兴趣社群？它是产品还是服务？是品牌社群还是用户社群？只有做好定位，才能知道自己需要什么样的客户，才能做好精准营销。

2. 吸引精准客户

为了进行有效的精准营销，需要吸引精准的客户。对于产品社群，这一点尤其重要，因为产品可能并不适合每一个人。没有精准的客户定位，产品可能在面临激烈的市场竞争时，获利空间有限。因此，深入了解目标客户的特征，如地域、消费习惯、收入、年龄、爱好和生活环境，对于自己的产品推广至关重要。

3. 主动设定和引导话题

除了提供优质产品和服务，企业需要制造并推广相关话题，从而提升社群知名度和影响力。这不仅能塑造正面品牌形象，建立与粉丝的信任关系，而且能为企业和产品在公众中树立良好口碑。

在选择社群营销策略时，话题营销是一种有效的手段。企业需要有产生话题的意识，善于在话题中表达自己的经营理念，展示产品特性，以激发粉丝的参与热情。

制定话题时，应注意选择热门或具吸引力的主题，这样能迅速吸引大量粉丝，活跃社群氛围。当社群活跃度提升，相关产品和服务也能获得更多曝光，更易被目标客户接受。

4. 严格执行运行规则

面对群体运营，制定并执行规则是维持社群长期生存的关键，否则社群可能会瓦解，或者沦为毫无意义的平台。如同家庭有规则，社群也应有自己的规章制度。社群的健康发展需要统一的行为准则，否则成员可能会做出破坏社群氛围的行为。

例如，杭州一城游的青青果园微信群，建立了完整的社群管理体系，包括群规、人员分工、用户分享和利益规则等。群规明确了社群的目标——为新生代中产阶层提供更高品质、更低价格的产品和服务。

在人员分工上，杭州一城游团队精细规定每个水果连锁超市微信社群设一个管理员和一个小秘书，前者作决策，后者负责日常事务和沟通。这种配合保证了社群的有效运营。

此外，群规还明确规定了如何服务客户、群内分享的主题、邻里互助的注意事项等，以确保社群的有序运行。

第七节　爆品与价值的思维

爆品思维到底是什么？相信不少的企业管理者在为此问题劳心费神。有人说，爆品思维就是打造一款让企业实现巨大利润的产品；有人说，爆品就是做流行的产品；还有人说，卖得多的产品就是爆品……众说纷纭，一百个人会给出一百个不同的答案，但有一点是相通的，多数人都认为爆品思维就是打造一款产品。可以这么理解，大部分企业都希望打造爆品。然而，它们并没有意识到，从思维方式上来讲，爆品思维从来都不是要打造出一款爆品。从一开始就想生产出一款爆品的想法，其实是错误的。

爆品思维，是一套能够产生大量爆品的体系和方法，是用一套全新的思维方式重新定位企业自己的产品、经营模式，并完善企业自身的经营体系。

大量的案例说明，模仿和跟风很难赢得市场，获取利润靠的是改变固有的思维方式，树立爆品思维。这个过程并不容易，必须夯实根基。只有纠正了自己的思维方式，把打造爆品视为一个体系性的过程，才能够掌握生产爆品的经营理念。在这个过程中，主要任务就是重新建立认知：爆品不是普通产品，是力争成为细分领域的爆品；与普通的产品不一样，它是颠覆了原有同类产品的认知的产品。如果企业认识到了这一点，就不会盲目跟风，而是在进入市场时，先看看市场的领先者，不是去模仿它们的优势，而是要找到它们的弱势，从而开辟另一个细分领域。

爆品中被注入大量的情感因素，目的是赢得用户。爆品和普通产品的最大区别是辐射的范围很广，这种产品一经推出，会迅速引起消费者的关注，形成集体围观的现象，不但能够为店铺引流，还能扩大企业在某个产品上的整体影响力，从而实现销售业绩的可持续增长。换而言之，打造爆品的目的是赢得用户。认清了这一点就不会再死盯着市场占有率和销量，而是关注如何打动用户。

智能手机的普及使得大众使用电子产品时间加长，每天长时间面对屏幕的结果就是，眼睛疲劳干涩，黑眼圈加深，双眼的疲惫不仅拉低了颜值，还影响了健康。因此，简单好用的眼部护理，就成了客户巨大的需求点。此时，有一款产品问世了，它就是蒸汽热敷眼罩。这款眼罩的好处在于，能解决眼霜无法缓解的眼部疲劳问题，润泽眼部肌肤，保护视力，淡化皱纹黑眼圈，补充水分。蒸汽眼罩和面膜一样，都是高频次产品，一盒十片，每天一片，一周多就会用完。眼部护理是多屏幕时代需要的护眼品。戴上眼罩后，很快就能感受到眼罩发热，效果非常明显，能让用户快速对产品产生认同。

现下打造出来的爆品，以后是否依然能够称为爆品？这是一个值得深思的问题。很多时候，爆品并不是赢在产品本身，而是赢在产品之外。乐高玩具很知名，如果只看到乐高公司在生产塑料拼插方块，是因为没有理解乐高的经营核心，它卖的不是塑料拼插方块，而是在销售整个游戏系统。用户购买了乐高玩具，得到的、享受的是无限多的组合可能。

爆品要重新认识流程,提升产品运营的能力。这里强调的爆品思维,并不是要让企业在短期内打造出一款火爆的产品,而是希望企业经营者能保持清醒,对打造爆品的流程有一个全新的认识。需要思考,如何提升产品运营的能力,如何控制好成本,如何形成良性的循环,这才是重中之重。

对企业来说,要突破传统的困局,需要重新制定战略,告别过去的"低流量、高价格、高利润"的模式,打造爆品思维,结合互联网的参与方式,获取大量的客户群体,与客户增强关系。在打造爆品思维的过程中,当务之急不是追求爆品,而是要对爆品有一个正确的认知。只有这样,才能在日后面对一些爆品时保持理性,不盲目地追捧。

第三章 03

顶层商业布局

企业所遇到的大部分问题,都可以归结为核心竞争力问题。一个企业要生存和发展并不容易,更难的是在资源价值的竞争中取得优势。如果什么优势都培育不出来,企业就无法生存。

第一节　企业的顶层商业布局

一、顶层设计商业布局避免弯路

企业顶层战略是对企业未来发展的系统规划,包括对发展方向的把控、商业模式的设计、组织效率的优化、产业生态的布局。商业模式设计作为顶层战略的一部分,旨在通过设计商业模式,明确企业在产业结构中的位置,以及对企业价值创造路径的规划。因此,可以说,商业模式的设计是顶层战略的基础环节。

在顶层设计之前,有几个基本的假设:

第一,很难预测外界,只能有效快速地做出反应;

第二,成功的企业也可能随时被颠覆和淘汰;

第三,顶层设计是一个动态优化的过程;

第四,从产品短缺向客户短缺转变,供需逆转是基本前提,主导力量是客户,而不是企业。

企业要创造价值,以实现在商业中立足。不能为客户和社会创造价值的企业,就像无根之木一样,难以生存。商业模式形成完整的企业价值链，将企业价值主张、价值创造、价值传递和价值执行四个环节联系起来。通过结合业务体系、定位、盈利模式、关键资源能力、现金流结构，企业价值中的一项或多项要素，形成企业价值的核心业务。通过构建企业与利益相关者之间的交易结构，完成利益相关者之间的价值划分。通过以上两个维度的思考和设计，商业模式解决了企业顶层价值的根本问题。同时，这个过程可以打开创业者的思维定式，让创业者站在企业、行业、产业三个不同层次的视角，更清晰地看到企业在产业价值链中的位置，把握企业的发展方向。

随着企业的成长，商业模式也应该升级。只有不断求变，才能保证企业的地位。一成不变的商业模式会给企业形成大的隐患。柯达的消亡，润达的惨淡收场，诺基亚的终结，都是未能从行业角度完善商业模式，最终被时代抛弃。

创新的商业模式不仅可以帮助企业长期生存，也为初创企业提供了差异化的重要途径。当年，得益于逆向的C2B模式，在手机市场被巨头占领的情况下，小米手机异军突起，借助互联网创新商业模式，一跃成为移动领域的黑马。做好商业模式设计是企业顶层战略的第一步，解决了企业价值创造的核心问题，顶层战略设计能以此为基础开展其他发展规划。

最高层次的顶层设计，是对商业生态和价值创造体系的持续动态的决策过程，需要全面规划和系统安排，最终实现企业战略增长。当然，一个项目在顶层设计的成败，可以从四个方面来验证：经营的主动权、竞争的主导地位、生态话语权和产品定价权。

经营的主动权意味着企业拥有更多的自主权，而不是被竞争对手和客户牵着鼻子走，被动应对。

竞争主导权是指企业具有更加灵活的竞争战略，所选择的细分市场具有竞争优势和核心竞争力。

生态话语权是指企业要么是整个生态系统的整合者,要么是整个生态系统的参与者,无论是整合者还是参与者,都有独特的价值,不能只是商业生态系统的一个补充,即无法找到自身存在的价值。

产品定价权,是一个企业顶层设计成败的最高境界。虽然竞争对手不断降价,但企业仍能以合理的价格获得丰厚的收益,并享有基于高价值的更加灵活的定价权。

第二节　战略布局

一、到底什么是战略

1957年,艾伦·内文斯在对亨利·福特和福特汽车公司的定义中首次提到"战略"一词。对于企业管理者来说,它是通向企业成功的经营方法,是连接企业内外的纽带。战略是企业管理的纲领和主线。只有明确了战略问题,才能对组织内外部的各个方面进行合理安排。研究表明,90%的企业家认为,战略规划是企业最耗时、最重要的部分。

笔者有幸受邀参加了某个企业战略规划研讨会,之所以能够参加会议，是因为公司CEO多次与高层讨论，最终形成了一份战略报告，这份战略报告少了点内容。会议由CEO及负责相关部门的高级管理人员组成，共计十余人。战略规划部负责人作了战略规划报告，相关领导提出意见并点评，最后由笔者再提出建议。战略报告本身并没有什么特别之处，就是一个标准模板写成的文件，但是领导的评价大相径庭。笔者并没有直接对战略报告发表评论，而是向在场的高层提出了一个问题："什么是战略？"如果战略是什么、为什么做，都不清楚，只是模板和标准化的东西，没有专业精神。

为此，笔者没有直接说出自己对战略定义的理解，而是选择了自问自答的方式。这些高管的回答都正确，但并不完整。事实上，战略是什么并不重要。为什么需要战略才重要，要明白该战略存在的原因是什么？战略作为企业经营纲领，其存在的原因可以用德鲁克在《自我管理》中的五个经典问题适度推演：

第一，明白企业到底是"谁"，想成为什么样，对社会作出什么贡献；

第二，解释企业参与哪些市场的竞争，目标客户是哪些群体；

第三，解释企业如何服务客户，产生什么优势；

第四，解释企业在产业链中的作用和资源整合方式；

第五，解释资源分配的顺序和具体实施方案。

其实从呈现的观点中可以提炼出几个关键词：贡献、客户、竞争优势、资源整合、先后顺序等。将这些概念组合起来，就可以解释清楚什么是战略。战略是指在特定的商业环境中，企业以目标客户为中心，通过有效整合资源以获取竞争优势，提供价值贡献，并明确资源配置的顺序。简而言之，战略就是定位组织获得竞争优势，创造独特价值，通过系统性放弃和有组织努力来获得竞争优势。因此，战略规划非常重要，更重要的是战略规划报告背后的战略思考。战略的一切出发点是为了给客户提供价值,而客户的需求是动态的,所以战略也是动态的。

战略不是一个按照模板做的填空题,不是一个基于目标做分解的计算题,更不是通过大环境分析找到答案的判断题,而是融合大环境判断、细分定位、经营命题把握、目标分解、路径选择等多重问题为一体的综合性试题,是一项具有高度专业性、系统性和创造性的工作,这也就造成了战略规划极具挑战性。为此,可以将战略体系作为一个大的体系来理解:

价值创造体系,指引企业聚焦哪些目标市场,为目标客户创造何种价值,以及如何创造价值;

资源配置体系,将资源配置进行轻重缓急的分类,并做出合理选择;

责任分解体系,明确各个单元在组织体系中的价值创造责任,是责任分解而非目标分解;

目标达成体系,价值创造活动与价值创造保障相结合,灵活动态应变以达成企业战略目标;

时空布局体系,确保组织有利有效,同时又具备未来意义,实现战略战术统一,兼顾生存与发展;

价值效率体系,实现市场价值创造与内部组织运营有效对接、内外互动。

二、战略蓝图

战略蓝图对于企业来说是至关重要的,战略蓝图不仅定义了企业的目标和愿景,而且为实现这些目标提供了明确的路线图。缺乏清晰的战略蓝图,企业可能会在实现目标的过程中迷失方向,效率低下,甚至可能错失关键的商业机会。

企业需要从长远的、全局的角度来制定战略,而不是仅关注短期的目标或局部的利益。这要求企业对业界的发展趋势、竞争格局、客户需求等有深入的理解,以便作出正确的战略决策。

企业在制定和执行战略时,需要利用自身的优势,找到并打破竞争对手的短板。这种战略思维能够帮助企业在竞争中获得优势,实现市场份额的扩大和业务的增长。

企业要形成清晰的战略图景,需要对"我是谁""去哪里""怎么去"这三个基本战略命题进行深入的思考。

"我是谁"要求企业明确自身的核心竞争力、企业文化、价值观等,这是企业战略的基石。

"去哪里"要求企业设定明确的长期目标,明确企业在未来的发展方向和愿景。

"怎么去"要求企业制定实现目标的具体策略和行动计划,包括市场战略、产品战略、人力资源战略等。

只有清晰地回答了这三个问题,企业才能制定出符合自身情况、具有可行性的战略蓝图。这样的战略蓝图既能指导企业的日常运营,也能帮助企业在面临挑战时,作出正确的决策,实现持续的发展。

第三节　人才布局

一、人才充足率

有了战略蓝图之后，企业可以继续考虑"谁来做"的重大人才决策。在讨论这个话题时，很多管理者关心的是"没有人选"的问题，而不是"什么人选"的问题！一些企业在聘请世界一流的战略咨询公司制定大战略后，发现自己缺乏执行这些战略的人才，最后只好把战略规划束之高阁。

CEO作为公司的战略设计者，如何避免人才匮乏的问题？总体战略图景与现实可能存在巨大的"资源缺口"和"能力缺口"。资源缺口是"人才缺口"，而能力缺口往往是"人才管理能力"太弱！近100年来世界领先的企业中的大多数都是怀着与其现有资源和能力不相称的远大抱负起步的。因此，人才匮乏并不可怕，关键是用什么手段来填补人才缺口。在实践中，可以把"人才充足指数"当作北极星指标。

人才充足率是富国银行使用的一个北极星指数。作为一家世界级银行，富国银行对"人才充足率"的重视程度几乎与银行业看重的指标"资本充足率"一样。衡量资本充足率的口径不同,主要包括资本与负债的比率、资本与总资产的比率、核心资本与加权风险资产总额的比率等,这里不赘述。人才充足系数的测度也是如此,分为几个层次。一年内准备就绪的接班人：管理人员总人数。高绩效人才数量：全公司人数。高潜力人才数量：全公司人数。战略性岗位上A类人才所占比例……

人才充足性指标应该分层分解细化到不同的业务部门,成为各级高管的重要考核指标。在高绩效组织中,高潜力人才的充足率可高达20%,而在低绩效组织中,高潜力人才的充足率低至2%。高潜力人才充足率为20%的企业经营绩效比整体平均水平高出14%。高潜力人才充足率高的企业未来进入行业前25名的可能性是其他组织的17倍。

高潜力人才充足度高的企业,不仅现在有可能获胜,而且未来也有很大的获胜概率,尤其是在充满不确定性的未来。聚焦人才,才能着眼未来。人才链断裂的标志是企业的关键职位被不合适的员工填补。人才链断裂"潜伏期"长,不易察觉。可能两三年后开始显现,导致企业发展停滞三五年,甚至倒闭退出竞争舞台。

惠普公司的创始人戴维·帕卡德曾经说过一句意味深长的话：公司收入的增长速度持续快于人才补充的速度,是不能建立起一个卓越的公司的。如果"人才充足指数"跟不上"业务增长速度",那么组织能力就得不到提升,整个企业就无法实现"高速增长"。

二、提高人才充足率

在人才争夺战中,企业迫切需要一张清晰准确的"人才地图",这不仅是打赢人才争夺战的基本保障,更是制胜的关键之策！一个企业要想在激烈的市场竞争中立于不败之地,脱颖而出,CEO至少需要两张地图,左手是"战略地图",右手是"人才地图"。战略地图显示了企业在哪里竞争以及如何取胜；人才地图显示了企业如何部署员工。

人才地图，通俗来说，就是一张可以看到整个人才图景的地图。表达形式有很多种，常见的形式是人才九宫格，横轴是绩效维度（低、中、高），纵轴是潜力维度（低、中、高）。比如，阿迪达斯独有的"九宫人才"就是适应行业特点进行适当修改的人才地图。

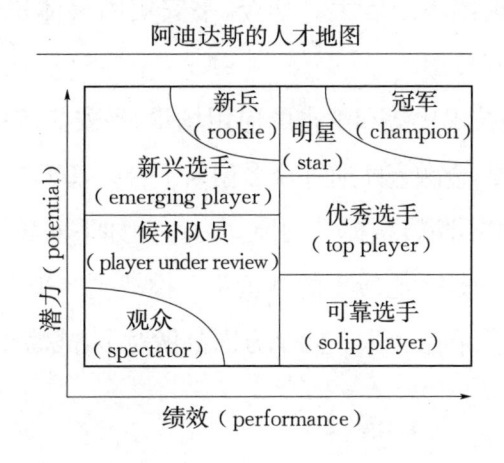

阿迪达斯的人才地图

新兵 (rookie)	明星 (star)	冠军 (champion)
新兴选手 (emerging player)	优秀选手 (top player)	
候补队员 (player under review)		
观众 (spectator)	可靠选手 (solip player)	

纵轴：潜力（potential）　横轴：绩效（performance）

平安集团就在人才图谱上做了重要创新。平安集团拥有约40万名内勤员工，几乎每个人都有自己的3D人才地图：一个维度是绩效排名，一个维度是专业能力，一个维度是未来发展动力。这份个人人才地图每年更新两次，在相对合适的时间反映员工的成长轨迹。通过长期记录，塑造每一位员工的成长轨迹和技能发展曲线，一方面帮助员工确定发展方向，另一方面帮助用人单位选拔适合的人才。

平安集团根据人才图谱将员工分为四类：绩效好、潜力大的将重点提拔和培养；绩效差、潜力小的将重点考核；对处于绩效高、潜力低和绩效低、潜力高的"异常区"的员工则需通过培训、轮岗等方式将其拉回正常区域。

同时，平安集团将人才地图转化为平安HR-X系统，更方便与他人、与团队进行多方位的人才地图比对。借助 HR-X 系统,可以实现职位画像与员工画像的智能匹配,极大地激活人才活力和组织活力。目前,人才图谱已成功应用于平安集团各专业公司。经过年度考核后,各级管理人员和 HR 部门将通过这张图谱进行人才盘点,在各部门寻找高潜力员工,并进行针对性培训,确保各业务部门、各管理层级的"人才充足率"。平安集团不断壮大。如今,平安集团整体正在向"金融＋科技""金融＋生态"转型。

凭借先进的技术优势和丰富的应用场景,平安集团打造了平安好医生、平安医保科技、金融壹账通等众多创新平台。基于人才图谱的采集和流动,是平安集团不断转型提升的原动力。正如平安集团人力资源总监蔡芳芳所说:"人才是企业转型的胜负手。挑战主要来自四个方面:吸引人、升级人、替换人和融合人。四个方面都做对了,战略转型才能成功。"

第四节　运营布局

一、能力为本,体现价值

运营战略可以看作是协调运营管理目标与组织更大目标的规划过程的一部分。运营战略包括对运营管理流程和运营管理体系核心问题的基本规划。由此可见,运营战略的目的是支持和补充企业的总体战略目标。

有些人急切地寻找赚钱的机会,往往忽视了提高自己赚钱的能力。同理,企业管理者急于寻找盈利机会,而忽视了企业盈利能力的创造。企业以资源价值的形式追求一定的利益并不难,但是企业追求资本增值或利润并不容易,要建立并实现持续盈利很难,持续保持盈利优势更难。

有一家濒临破产的小食品厂,改制成为一家小型股份制公司。改制前是管理层决策,改制后是集体决策。公司先实施的改革是市场承包制,在营销中引入竞争机制,让真正有能力、有勇气、有热情的人有机会挑战自我。短短一年时间,营销业绩大幅提升,公司彻底扭转了亏损的局面。过去生产车间是"三天打鱼两天晒网",工人挣不到钱,管理难。现在车间满负荷生产,员工收入高,工作积极性高,管理人员也轻松。公司依靠营销资源、功能和价值的竞争优势,发展迅速,销售额逐年增加,同时利润不断提高,盈利能力不断增强。

公司达到一定规模后,会出现发展瓶颈。运营效率开始下降,市场销量下降,运营成本持续增加,管理难度加大,管理效率下降,资产价值整合缓慢。此时,业务人员往往"小富即安",不思进取,业务管理趋于官僚主义。在实行全面竞争机制后,公司又焕发了生机:销售量不断增加,产量不断增加,项目的拓展带来了优异的成绩。

企业不仅要在规模上取得突破,还要让技术、产品、服务、人才、品牌、组织能力等基础资产增值。企业要塑造生产要素资源的功能价值优势,创造基本的竞争优势。有了核心竞争优势,企业才有做强的基础,具备了综合管理能力优势和系统性盈利优势,就有了成长的基础。然而,一些企业扩张到一定规模时,决策者往往会混淆增长的内涵。企业做大做强并不矛盾,两者之间的关系相辅相成,做强是做大的基础,做大有利于企业进一步做强。突破发展瓶颈。这是不少企业管理者头疼的问题。要克服这一瓶颈,需要创造和提升经营管理盈利能力。

二、先做强,后做大

企业经营管理能力包括与盈利相关联的资本、资源增值运营能力,与发展动力相关的组织机制、核心竞争力培育和保持能力,与经营管理规模相匹配的资本、资源平衡调控能力。资源价值运行平衡调控能力弱,则运营容易出现问题与障碍;运营经常出现问题与障碍,则发展动力不足;发展动力不足,则盈利能力不好。从反面讲,盈利能力强则发展动力强劲,发展动力强劲则调控平衡能力较好。盈利能力、发展动力培育能力、资源价值运行平衡能力这三方面存在任何缺陷,企业发展都可能出现难以突破的瓶颈。

经营能力是真正盈利能力和长期发展能力的体现。实现盈利的本质是解决客户问题,排除障碍,满足需求,创造高品质。一双鞋是否舒适、美观、耐穿,是否能带来享受,是否时尚,这些才是品质的高低,才是真正盈利的基础。长期发展能力的本质是解决问题、排除障碍、满足需求、服务客户。如果鞋子卖得好,能卖多少双,能卖多久,这是一个长期生存能力的问题。利润来自客户,盈利能力的强弱取决于为客户解决问题、排除障碍、满足需求和创造高品质的程度。真实盈利能力和长期培育发展动力的能力较强,体现了企业强大的综合经营管理能力。是否跑得快、跑得远,才是经营管理能力的体现。

培育经营管理能力,首先,解决为客户提供的服务质量的问题;其次,解决为客户提供的服务数量不断增加的问题。把企业做强做大,是平衡和兼顾的问题。只有质量提升空间,没有数量扩张空间的企业,仍然不具备做大的条件。

提高产品和服务的质量说起来容易做起来难。质量提升包括设施、设备、工具、工艺技术、原材料采购、生产管理、市场服务、组织文化、品牌建设等各种组成资源的提升。没有一定的要素资源功能价值经营能力、规模化组织管理能力,产品和服务质量难以提升,企业经营甚至会举步维艰。

其实,只有把产品和服务质量提高了,企业才能做强。做强是提高经营管理能力,是企业做大的基础。要想把企业做强,需要做到以下几点:

首先,要培育企业的核心竞争力。通过谋求要素资源功能价值优势,为客户提供竞争对手提供不了的服务,解决竞争对手解决不了的问题,排除竞争对手排除不了的障碍,满足竞争对手满足不了的需求。

其次,要想把企业做强,需要培养比竞争对手更快的服务能力,更快发现客户需求、问题和欲望,更快解决客户问题,消除障碍并满足客户需求和愿望。

再次,要培养比竞争对手更好的服务能力,更好的服务机会体现在服务意识、服务态度、服务标准和服务质量上。

最后,要培育比竞争对手更经济的服务能力,体现在服务成本和服务价格的优势上。

做大是企业经营管理能力提升的体现,即服务更多的客户,或者为客户提供更广泛的服务选择。变强需要一种独特的能力,以及多种相互关联的要素、资源、功能和价值利益的支持,这种独特的能力在竞争中具有无可比拟的优势。在成本、效率、质量等方面,企业只要能力强,就有做强的基础,而优秀能力的培养需要注重多元素资源价值的发展和积累。而企业做大需要具备诸多能力优势,需要全面的要素资源价值比较优势支撑。

提升企业经营管理能力，需要具备以核心竞争力为基础的要素资源、运营与价值相结合的综合相对优势。市场渠道多、销售网点多、产品质量好、成本效益高、服务周到、品牌影响力强、组织效率高等是经营管理能力强的体现。如果企业的经营资源具有经营价值优势，则企业具有较强的管理能力；如果管理能力强，则可能具有要素资源价值优势。

一般而言，企业在运营资源上寻找价值优势更容易，而在运营管理上寻找则更为困难。盈利其实并不难，难的是有持续的盈利能力，更难的是保持盈利的竞争优势。

第五节　价值布局

一、企业的核心竞争力

企业的核心竞争力是知识积累、专项技能（包括技术、管理等）和相关资源（如人力资源、财务资源、品牌资源、企业文化等）的综合体现，这些是企业在长期生产经营过程中积累的，是企业独有的能力。

1990年两位管理学家哈默尔和普拉哈拉德在发表的《企业核心能力》一文中提出核心能力。随后，该理论在企业发展和企业战略研究方面迅速占据主导地位，成为指导企业经营管理的重要理论之一。企业的发展是由自身的特色资源决定的,企业需要围绕这些资源构建自己的能力体系,以实现自身的竞争优势。

麦肯锡咨询公司认为,所谓核心能力,是指一个组织内部若干互补的技能和知识的结合,有能力带领一个或多个企业达到一流的竞争水平。核心能力包括洞察力和远见,以及执行一线任务的能力。洞察力和远见主要来自科技知识、独特的数据、产品的创意、出色的分析推理能力等工作。企业的核心竞争力是企业的总资产,它包括技术、人才、管理、文化和凝聚力,是企业各部门、全体员工的共同行为。

企业核心竞争力的特性主要有以下几点:

1. 独特性

核心竞争力强调企业参与市场竞争的独特能力。当企业具备了这种能力,就可以凭借这种竞争优势,迅速占领目标市场,获得客户信任,打造属于自己的独特消费群体。企业的核心竞争力是通过战略设计、领导力规划、组织管理等多层次、多方位的实践,在企业长期的生产经营中不断改进、总结和创新而形成的。其他企业很难在短时间内赶超。企业不仅满足了当下的消费需求,更重要的是可以引导消费者,激发新的消费需求。

2. 整体性

企业核心竞争力的形成是企业资源充分整合的结果,是企业驾驭内外因素的系统。企业竞争力的核心可以由某些特定的要素产生,但其作用会渗透到企业所拥有的资源中,并体现在企业管理的各方面。在差异化企业管理的今天,衡量企业核心竞争力的一个重要标准就是核心竞争力是否涵盖了所有部门和所有产品,是否能够抵抗不可预知的市场风险,在多大程度上实现了企业的既定目标。

3. 价值性

企业核心竞争力的价值特征表现在三个方面:一是核心竞争力对

企业创造价值、降低成本至关重要,能够提高企业的运营效率;二是核心竞争力可以为客户实现和创造价值,给消费者带来实实在在的利益;三是核心竞争力是企业区别于竞争对手的原因,也是企业能够超越竞争对手的主要原因。核心竞争力对企业、顾客具有独特的价值,对企业保持竞争优势具有特殊的贡献。

二、知道什么是本、什么是末

企业所遇到的大部分问题,都可以归结于核心竞争力问题。一个企业要生存和发展并不容易,更难的是在资源价值的竞争中取得优势。如果什么优势都培育不出来,企业就无法生存。

有一家民营企业,最早开始经营地方特产,如香菇、木耳、花生、莲子、腐竹、豆腐等普通农副产品。企业历时十年,一步步打造覆盖全国的营销网络,将地方特产销往全国,有力地促进了当地农业产业的蓬勃发展。得益于营销优势,企业收购了国内一大批从事养殖、加工、贸易的工厂,其中不少企业主动要求加入。初看这家企业的核心竞争力来自其营销资产的高功能价值,实质是源于它的经营理念和相关的市场驱动机制。

企业自成立以来,遵循以市场为导向的经营理念,持续向营销投入。只要是市场拓展和营销工作需要,都会全力支持。产品、技术、服务、品牌、工具、人力资源等资源的开发,始终围绕市场营销做文章。通过探索试验,不断调整完善,创建了销售点承包机制、产品承包机制等一整套营销激励管理机制。

企业始终坚信,只有一线员工在市场上盈利,企业才能盈利;只有企业能盈利,其他配套产业才能盈利。一个企业要打造真正的核心竞争力并非易事,不仅需要在某一特定单一资源的使用价值上具有优势,还需要配套的经营理念、管理理念和驱动机制作为基本保障。

企业要发展,就要有发展的动力,发展的原动力或驱动力就是核心竞争力,而核心竞争力就是解决问题、满足客户需求的能力。这种能力的基础是产品和服务要素资源的功能价值优势。产品的存在是为了解决客户的问题,满足客户的需求;服务满足客户的需求、给客户带来享受而有价值。生产灯泡、灯管是因为客户有照明的需求,有黑暗中看不见的问题,如果灯泡、灯管不能带来光明,外观、材料再好都没有价值。服装、食品、交通工具、车站、港口等,都是为满足客户需求、带给客户享受而存在。产品与服务是企业核心竞争力的基础,但仅有产品与服务要素资源价值,很难形成真正的核心竞争力。

人类的需求没有尽头,满足需求的手段和可能性也没有尽头。为了更快更好地满足需求,就需要不断地增强和提高满足客户需求的能力。在满足客户需求的过程中,可能会出现竞争问题,谁能更快、更好、更经济、更多地满足客户的需求,谁就具有更大的竞争力。它更快地反映在捕获需求变化的灵活性以及解决客户问题和满足客户需求所需的时间上。

真正的核心竞争力不是靠一两个要素和资源的价值支撑的,核心的竞争力是要素和资源价值综合竞争优势的体现,是系统集成优势的体现和资源价值的造血力。核心竞争力是对具有竞争对手无法复制和模仿的资源系统价值进行整合和再生产的能力。企业要具有根本竞争力,就要在产品、技术、人员、组织、品牌、市场、理念、资本、服务、工具等方面或商业模式、管理方式和组织文化方面获得绝对的功能价值优势。

产品不如对手、技术比较落后、组织效率低下、品牌影响力不大,在这样的要素资源价值基础上,企业很难形成核心竞争力。只有在产品好、服务好、技术先进、工具先进、组织效率高、经营思想好、管理理念好的基础上,更容易形成核心竞争力。这种系统性、综合性竞争力,才具备竞争对手无法模仿、无法复制、无法赶超的特征。核心竞争力的形成离不开要素资源功能价值的支撑,而要素资源功能价值的优势是核心竞争力的重要支撑点。若要获取产品技术领先竞争力,先要做的就是技术资源引进、开发工作,即引进有实力的技术人才,引进与产品相关的技术设备,着手进行产品技术资源要素的整合提升。投入了大量资金购买先进的设施设备、引进技术人才,是否就拥有了技术资源价值核心竞争力呢?问题没有那么简单,核心竞争力很难用投资手段在短期内取得。反之,可以用资金购买到的要素资源优势,肯定不是核心竞争力的要素主体。

核心竞争力形成于取得要素资源功能价值比较优势基础之上。企业引进技术人才和技术设施设备,并不意味着拥有技术领先竞争优势,或者说拥有了核心技术竞争力。只有当技术资源要素投入开发取得进展,技术资源功能价值和竞争对手相比具有明显的优势时,企业的技术价值优势,或者说技术竞争力才能形成。仅仅拥有某种要素资源价值优势,还不是核心竞争力的真正体现,哪怕这种资源优势十分明显。

市场好,没有产品优势支撑;产品好,缺少市场功能价值优势,有竞争力也是暂时的。有人才没有优秀的组织机制功能、有市场没有良好的服务理念、有工具没有先进的技术等,其所谓的核心竞争力都很难维持。只有当多种要素资源功能价值优势转化为独特的盈利能力时,才是核心竞争力的真正体现。

企业核心竞争力的基础是所拥有的要素资源价值优势。产品、服务、市场、技术、品牌、工具、人才、组织效率、管理模式、组织文化等要素资源功能价值具备竞争优势,企业就会形成生存发展的核心竞争力。

核心竞争力形成之后,企业不根据环境的变化,及时补充支撑核心竞争力的要素资源价值,相关资源价值优势则可能逐步丧失。在激烈的竞争环境中,产品老化、市场萎缩、服务滞后、技术落后、人才流失、组织活力退化等情况随时可能发生。企业失去相关要素资源价值优势之后,核心竞争力支点就不复存在,系统性核心竞争力也将同步衰退、丧失。当支撑企业发展的核心竞争力优势缺失之后,企业的发展动力无以为继,衰退、衰亡就很难避免。核心竞争力的形成与维系规律,就像火的燃烧一样,只有不断地增添燃料,火才能继续燃烧下去。

企业经营管理者,一提到转型升级,就往高、大、上方面想。并非只有新行业、新材料、新技术、新设备、新产品、新战略、新模式等才能完成转型升级;潜心敬业,提升自己为客户或消费者解决问题、带来享受、创造价值的能力,才是转型升级的价值核心。不要总是想寻找到转型升级的外部新机遇,耐心整合好内部现有资源价值,提升综合运营能力,对多数企业而言,才是转型升级的现实路径。

第六节　生态布局

一、生态系统

詹姆斯·穆尔于 1993 年在《哈佛商业评论》中首次提出"企业生态

系统"的概念，随着社会发展，生态系统正在成为一种商业竞争模式。

技术的飞速发展，无数新商业模式的出现，市场新需求的不断增长，使企业面临越来越多的不确定性。可以说，生态战略是企业以确定性应对不确定性的一种选择，也是商业模式发展的趋势，在企业竞争中发挥着越来越重要的作用。生态战略发力的关键在于顺应平台化、跨界融合、互联网化的发展趋势，特别是互联网的快速发展和普及，为生态发展提供了强大的动力，有效地整合了社会资源。

生态系统与价值链的主要区别在于，价值链强调的是如何利用企业已有的内部资源创造竞争优势，而生态系统强调企业如何通过构建价值平台形成新的生态系统，通过平台高效整合外部资源。因此，打造生态优势是企业适应更多不确定环境变化的客观选择，要求企业从"管理好所拥有的资源"转变为"管理好没拥有的资源"。

研究发现，构建具有竞争力的生态系统是不少企业取得成功的重要途径。腾讯、淘宝、华为等公司成功的关键在于建立了强大的商业生态系统。其实，生态策略在日常生活中随处可见。集市生意之所以火爆，有影响力的论坛和展会为什么吸引众多赞助商和数以万计的参与者，关键都在于实施好生态战略。因此，为使企业取得更大发展，需要从更广阔的视野树立生态思维。

二、生态系统的四大特征

生态系统是一个开放的系统，与基于价值链模式的商业模式不同，基于生态系统的商业模式将重心从企业内部转移到企业外部，从运营企业自身的能力和资源转向利用企业与价值平台相关的能力和资源。一个具有竞争力和高度发达的生态系统，不仅可以聚集更多合作伙伴，还可以为客户提供更加个性化和差异化的产品，创造与合作伙伴互利共赢、和谐发展的局面。成功的企业因建立强大的生态系统而立于不败之地。国内外成功实施生态战略的企业其生态战略主要具有四个特征：价值共创、互利共生、难以模仿和放大效应。

第一个特征是价值共创

共创价值是指通过加大投入、降低成本、提高效率的模式，利用合作伙伴的资源和能力，共同创造价值的生态模式。在价值链模型中，按照不同环节进行分配，一个环节的获利意味着其他环节的损失，这使得价值链中的龙头企业有动力去整合更多的资源。在这种模式下，企业需要不断加大投入，导致资产越来越重。在生态模型中，价值是不断创造的，主导企业与其费尽心力整合内部资源，不如考虑如何扩展平台，吸引更多合作伙伴加入。

生态系统的价值创造是多样的，每个合作伙伴的价值取决于其为系统带来不同价值的能力，大大降低了整合的可行性。这两个因素导致生态系统成员的战略重心从细分普惠价值转向基于共享创造价值。打破整合的束缚，也让企业不再需要大量投入资产来发展自己各方面的核心能力，而是更加关注如何与系统内的其他成员协作，发挥不同成员的能力，实现价值共创。

第二个特征是互利共生

生物学中的共生是指生物体在长期的进化过程中，为适应复杂多变的环境而逐渐与其他生物体结合的一种相互关系。只有彼此之间有很强的互利关系，相互依存，缺一不可，才能称得上共生。生物学中存在三种共生形式：互利共生系统、偏利共生系统和寄生共生系统。商业生态系统的共生更多的是指互利共生的生态系统，因为没有互惠互利就很难长期合作。

商业生态系统的互利共生有两种形式：一种是区域内横向关联形

成的产业集群,在这个生态系统中,成员之间相互合作又相互竞争,共同发展;另一种形式是由纵向关系形成的产业链,这个生态系统的成员也在合作和竞争。在新兴的商业生态系统中找到各自的位置,在生态演进中实现共生成长和共创共赢。

第三个特征是难以模仿

生态系统的难以模仿在于竞争力的核心已经从企业转移到网络,从一方转移到多方。普拉哈拉德教授在介绍"核心竞争力"概念时强调,核心竞争力是企业战胜竞争对手能力的集合,这种核心竞争力是难以复制的。另一方面,生态系统由众多不同能力、不同定位的企业组成,其创建方式比企业内部组织更为复杂。

生态系统的核心竞争力可以看作成员企业核心竞争力的集合。这种复杂性决定了生态系统的不可复制性。随着生态系统成员的扩大,它们的竞争力也会增加。持续改进使得后来者越来越难以复制生态系统。

第四个特征是放大效应

生态系统创造了一个价值平台,成员可以使用平台来实现自己的目标。例如,微软创建一个平台向其他软件公司提供开发工具和技术,使它们能够为Windows系统开发软件。这使得该平台创造的价值远远超过微软单独创造的价值。

通过与生态系统的融合,价值创造将得到进一步提升。这种超越了企业自身能力的模式,随着合作伙伴数量的不断增加,生态系统的收益也越来越大,参与各方也可以通过平台提高效率。

第四章 04

赛道破局

一条好的路，意味着更多的可能。因此，企业要对自己所走的道路有一个清晰的评估。在投融资市场上，经常会出现大量资金聚集在一个行业的情况，因为赛道是可以研究透彻的。资本会选择一条机会多、成功概率高的路径。

第一节　何谓赛道

一、趋势是更大的赛道

在异军突起的独角兽企业所采用的创新商业模式中，往往都有一项关键业务能够支撑企业的整体增长，也就是常说的关键产品。因此，对于大多数中小企业，尤其是初创企业来说，也可以用同样的方式来研究产品定位。众所周知，很多时候"选择比努力更重要"，选择正确的方向是值得付出的。定位指的是一个方向，在研究产品定位的时候，一般会用到"赛道"这个词。赛道最初是用于赛车拉力赛领域的术语。之所以选择这个词，是因为在做企业顶层设计时，应该关注的是企业未来走向，将采用何种方式到达目的地。对于一个成长中的企业来说，更大的赛道就是趋势。为了看清趋势，研究和预测企业未来的最终目标，经营者需要跳出企业内部，站在更高的位置来看待行业的未来发展。随着数字技术发展，出现了许多新技术，尤其是指数型技术。所谓指数型技术，是指能够将传统实体经济产品数字化，从而实现价值倍增的技术。这些技术具有重构人类生产和生活方式的力量，通过研究这些技术在行业的应用，可以了解行业未来的发展趋势，也就可以找准企业与产品的定位。

二、改变人类生产和生活方式的关键技术

随着科学技术的进步，人类的生产和生活方式发生了巨大的变化，尤其是能够使业务呈指数级增长的关键技术。其中有七大关键技术：互联网、传感器、云计算、大数据、3D打印、人工智能、合成生物学。如下图所示。

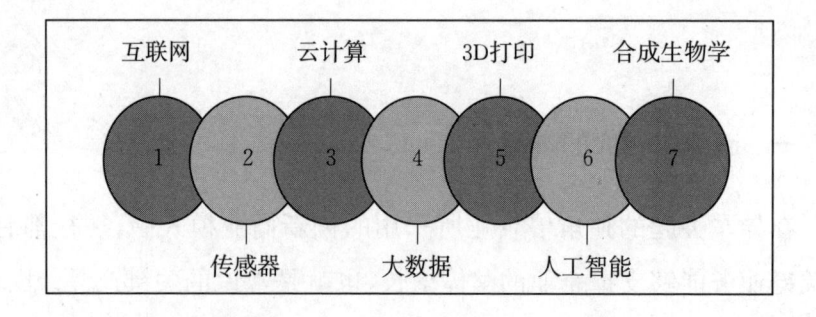

这七项关键技术在各个领域深刻改变了人们的生产和生活方式。通过长期的观察和研究发现，这些技术无一例外地可以对一些有形的物体或事物进行数字化改造，帮助企业实现产品去货币化、去物质化，显著降低运营成本，迅速扩大客户服务规模，实现突破性创新。这些技术的不断完善，开始进入实际应用阶段，"互联网+""智能制造"等广泛应用，虚拟与实体商业的深度融合，社会创造出新的生产方式、产业形态、商业模式等经济形态。同时，传统产业与互联网、智能化更加融合，现代化转型步伐加快，使得实体经济企业要及时了解并洞察新技术给行业带来的发展趋势。

面对行业的红海市场竞争，企业需要对产品进行品类划分，而品类

划分的前提是对客户进行调研和细分。2020年之后在线教育领域出现了分化,每个分化的领域都出现了相应的龙头企业,例如专注于全球企业视频会议市场的云视频会议软件,专注于中小学生的在线教室,注重高端商管教育的小鹅通,这三大在线学习工具提供商的业务规模都在快速增长。这种并行快速增长的原因不是别的,而是目标客户细分创造了产品,为目标客户提供了差异化的卖点,甚至营销模式。对于一个产品来说,如果一个企业把每个人都当成自己的客户,那么在大多数情况下并不是每个人都能购买和使用该产品,更谈不上创造独特的竞争优势,因此,每个产品都应该有一个精准的客户群定位。

从2000年以来,各个领域涌现的独角兽企业,一般都是针对非常精准的客户群体进行产品布局,市场份额稳步提升。客户越清晰,定位越准确。没有对客户特征的清晰分析,企业的快速发展就缺乏基础。

三、如何评判自己是否处于好赛道

一条好的路,意味着更多的可能。对企业来说,需要对自己所走的道路有一个清晰的评估。在投融资市场上,经常会出现大量资金聚集在一个行业的情况,因为赛道是可以研究透彻的。资本会选择一条机会多、成功概率高的赛道。那么如何判断企业是否在正确的赛道上呢?

正如上面所分析的,在瞬息万变的时代,企业只有三种可能:第一,平台型机会(绝对赢家);第二,平台支撑型机会(有机会被大平台收购);第三,平台应用型机会(小而美的企业)。一些项目之初,在定位企业的时候,希望企业"大而美",希望成为大平台、大企业、大生态。但有平台和平台支持的企业才有融资机会,具有战略迭代能力的企业更容易打动投资者。当前成功的平台型企业,大部分是在后续的迭代中取得成功的。当然,并非所有行业都能拥有大平台,企业需要在分析用户需求规模、寻找核心价值坐标的基础上,精准定位自身在行业价值链中的位置,进而打造具有竞争力的商业模式。企业建立闭环极简的商业模式,通过循环迭代,不断努力实现自己的目标。小而美的企业不适合融资,而且融资困难。但是,如果一家小而美的企业在迭代过程中找到创新的商业模式,进一步发展成为平台型企业,甚至是生态型企业,则极有可能获得融资。机构投资者在做投资决策时,往往看重项目的可延展性。项目延展取决于迭代强度,迭代能力越大,项目延展价值越大,越容易打动投资人。

第二节 大洗牌

一、风暴中心大洗牌年代

经济发展一般遵循着非常相似的规律,也就是常说的周期。

根据《中华人民共和国国民经济和社会发展第十四个五年规划和2035年远景目标纲要》,到2035年,我国人均国内生产总值将达到中等发达国家水平,基本实现社会主义现代化。从长期经济增长的角度看,未来我国经济增长将呈现"五大结构"演变。除了总量和人均水平的变化,产业结构、需求结构、城乡结构、收入结构、对外经济结构的演变也从不同侧面反映出一个经济体在长期经济增长过程中的阶段特征。

一是产业结构。改革开放前,按照重工业优先的发展战略,我国第二产业比重超过第一产业。改革开放后,在市场经济条件下的工业化道路上,我国第二产业比重长期维持在45%左右。同期,第一产业比重逐渐下降,服务业比重继续上升。近年来,随着我国进入工业化后期阶段,服务业成为经济增长的主导产业。

二是需求结构。改革开放前,我国经济发展倾向于"重积累、轻消费"。改革开放初期,由于农村消费的增加,消费率一度回升,但随着城市改革的推进,消费率持续下降。工业化和城镇化进程的推进使得投资率的波动性加大,外向型经济的发展也使我国贸易顺差规模不断扩大。工业化进入中后期,内需对经济的拉动作用加强,消费成为经济增长的主要动力,投资率和消费率开始出现逆转。

三是城乡结构。城乡结构是人口聚居地区产业结构的反映。改革开放后,随着第二、第三产业的发展,农村剩余劳动力不断从农村向城市转移,我国城镇化水平不断提高。

四是收入结构。改革开放后的一段时间,尽管人均产出稳步增长,但由于无限供给的特点,农村剩余劳动力工资增长缓慢,导致我国工资比重下降,增加了资本补偿的份额。进入21世纪后,流动人口的工资性收入开始出现补偿性上涨,将部分劳动工资推至新水平。同时,前期流动人口收入偏低导致的个人收入差距拉大也有所改善,城乡居民收入差距逐步缩小。

五是跨境贸易投资结构。改革开放后,我国打破了经济发展的封闭状态,积极吸引外资,大力发展对外贸易,逐步融入世界经济,进出口和跨境直接投资流动的规模持续扩大,对外依存度不断上升,形成了"双顺差"格局。近年来,随着内需成为经济增长的主要动力,进出口和跨境直接投资的绝对规模虽然很大，但占GDP的比重逐渐下降，商品和资金的双向流动也更趋平衡。

从经济结构来看，我国已进入工业化后期和城镇化中后期阶段，服务业和消费成为拉动经济增长的主要动力，收入分配更加合理，双向贸易和投资更加平衡。

二、唯有创新可以赢

进入新的方向、新的路径后，拉长时间线来了解一下这个"无限游戏"。无论公司是行业巨头还是新锐，只要押注了一个新的方向，无一例外都是艰苦的 0 到 1 创业，也会像领英创始人霍夫曼说的那样："创业就像跳下悬崖，在坠落的过程中组装一架飞机。"显然，这是一场充斥着大量选择、大量不确定性及大量风险的一场"无限游戏"，与十拿九稳毫不搭边。对企业来说，最重要的，是能够长久地把这场"游戏"进行下去并获得收益，这甚至比入局的早晚、阶段的输赢都重要得多。话虽如此，在商业世界中，企业往往会被另一种心态所吸引：不满于稳步增长，更希望有激动人心的突破性创新和基因突变，如棋局中的"神来之笔"，一击制敌，"一统江湖"。

近年来，全球科技创新受到一些重大变革驱动因素的推动，包括新一轮科技和产业革命本身的发展惯性，对经济增长放缓、贸易争端升级等问题的解决方案，人口老龄化、气候变暖等全球性问题迫切需要解决。这些因素带来了前所未有的机遇和挑战，从而催生了全球范围内新的技术的创新。

第三节　弯道超车

一、选好赛道

好的赛道往往能提高研发创新的成功率,那么如何选择和调整赛道呢?

首先,选择一个足够宽阔的赛道,创造新需求空间。以互联网产品举例,人们几乎每天都需要通过手机进行社交,移动通信工具的赛道就足够宽。一般来说,能让用户经常使用的产品,市场空间会比较大,如果能够保证是爆款产品,成功的概率会大大增加。反观,人们常用的天气预报软件,虽然下载量很大,但每天看的总时长1~2分钟,看完就会关闭。使用量不能提供足够的流量,通道不够宽,创新空间不够大。

其次,选择足够长的赛道。例如,电子商务是关于商品的消费或贸易。只要社会正常运转,人类的消费或商业交易就不会停止。因此,只要信息产业能够创造商业模式与消费者的路径足够长,就有足够的空间创造新的需求。如 B2B(企业对企业)模式、B2C(企业对消费者)模式、C2C（消费者对消费者）模式、O2O（线上到线下）模式和直播电商模式、社交电商模式等。

　　再次，选择门槛低的赛道。在一些新兴领域，通过研发，创造新需求的可能性很大。例如，由于用户碎片化时间的增加，以及长时间观看电影和电视剧的时间逐渐减少，中短视频领域的内容和用户终端具有巨大的增长潜力。抖音和快手利用算法培育内容和开发客户，迅速发展成为该细分领域的龙头企业。

　　最后，参数要精确，适应轨道和参考系的特性。在创造新的价值需求的过程中，如果在研发投入中忽略了时间、空间等参照系坐标的差异，往往会削弱研发创意的有效性。只有针对来自不同背景和文化的用户群体进行本地研发，才能成功创造新的需求。例如，TikTok（抖音国际版）在美国和其他地方的成功，首先，基于字节跳动累积的强大算法；其次，通过研究和分析消费者的喜好和需求特点，针对不同的文化地域做出各种调整；最后，TikTok 由当地人才运营，快速解决了文化隔阂问题，赋能研发创意，产品效能大幅提升，在多个国家迅速涌现新需求。

二、数据分析

　　如果产品没有足够的闪光点，很容易被市场埋没。因为没有合适的营销方法，造成市场反响不明显，产品卖不出去，资金无法回笼。如何为新产品找到"发展赛道"，让产品发售"赢在起跑线上"，是企业都想解决的问题。

　　一个寻找创业机会的年轻人曾经像发现了新大陆一样激动地说，他发现至今餐饮行业的市场占有率还没有一家能超过5%，但是在互联网行业，一家公司可以占据70%的市场份额。由此可见，餐饮行业仍有很大的商机。

对此,他很兴奋。然而,他真的能通过互联网公司的方式,创建一家年营收近 3 万亿元的餐饮企业吗?他是否知道目前中国最大的餐饮集团是哪家吗?不是海底捞,而是一家名为百胜中国的公司。它旗下的品牌有:肯德基、必胜客、小肥羊等。百胜中国年营收约 600 亿元,中国餐饮服务业总规模约为 4 万亿元,百胜中国年营收约占中国餐饮服务业总规模的 1.5%。

百胜中国是一个非常庞大的餐饮公司,它的管理方式非常有特点。尽管如此,它仍然只占中国餐饮市场的 1.5%。在互联网行业,如果公司只有 1.5% 的市场份额,都是非常小的公司。为什么?因为餐饮市场是一个容易碎片化的市场。百胜中国是上市公司,所以有"资本"的加持。虽然有资金和技术的加持,但对于年收入 600 亿元的百胜中国来说,"人力"是更重要的。百胜中国有多少名员工?根据 2021 年的统计,总共有约 44 万名员工。

如果要达到年营收 6 000 亿元,占据中国餐饮市场 15% 的份额,百胜中国可能需要 440 万名,甚至更多的员工。华为 2021 年收入 6 300 多亿元,华为有多少员工?13.1 万人(截至 2021 年 12 月 31 日)。科技公司雇了约 13 万名员工,收入超过 6 300 亿元,而餐饮服务行业需要超过 400 万名员工才能实现同样的收入。一家公司很难管理好 400 万名员工。目前,员工人数最多的公司是一家连锁超市,约有 230 万名员工。在以劳动力为主餐饮行业,很难占据 10% 以上的市场份额。换句话说,在餐饮业,创业收入可能不是服从权力分配,而是服从正态分布。所谓正态分布,就是差的有,但很少;也有百胜中国这样的,但也不多。餐饮业之所以呈正态分布,是因为劳动力是重要的生产要素,资本和技术只能发挥次要价值。然而,劳动力之间的相关性很脆弱,因此,餐饮业的市场分配比较均衡,没有哪家公司能独占市场。

其实,不仅是餐饮业,整个服务行业,比如理发、美容等,劳动力是重要的生产要素,所以这些行业的财富分配呈正态分布。创业者会进入什么行业,选择什么样的道路? 是餐饮行业,还是互联网行业? 这是一个非常重要的战略选择。在数学规律的作用下,餐饮业符合正态分布,呈"钟形",而互联网行业符合幂律分布,呈"尖刀形"。理解了数学里的指数和幂之后,创业者才会明白:其他都是小事,选择在哪里才是大事。

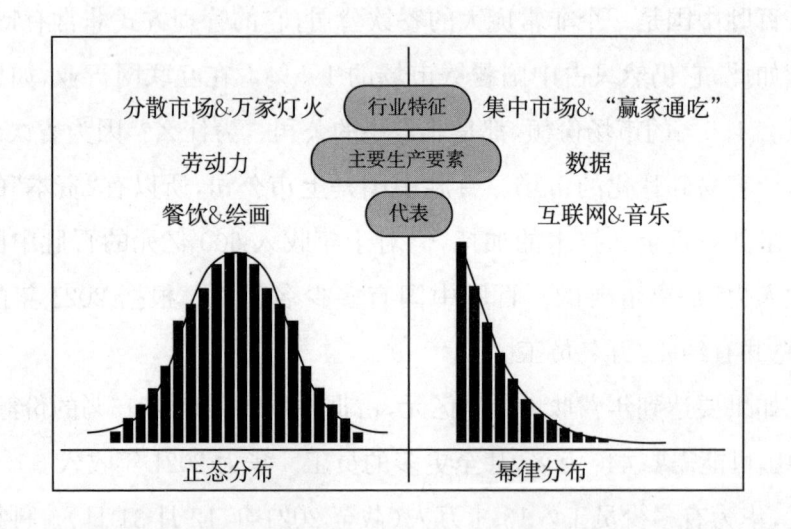

正态分布	幂律分布
分散市场&万家灯火 (行业特征)	集中市场&"赢家通吃"
劳动力 (主要生产要素)	数据
餐饮&绘画 (代表)	互联网&音乐

有些餐饮业创业者抱怨行业的资本化水平、科技化水平不高。其实餐饮创业者应该感谢这个行业的资本化水平、科技化水平不高,如果这两个指数增长越来越大,创业者所在的行业将会进入"赢家通吃"的状态。创业者能确定自己可以成为那个"通吃的赢家"吗? 因为餐饮业是劳动力属性特别强的行业,财富极度分散,才容纳了众多创业者。如果创业者还是坚持自己的想法,还是想进入有指数增长特征的行业,站在幂律分布食物链的顶端,做点事业。此时,有一个重要的建议:跨越奇点。

第五章 05

产品破局

新的消费需求正在向品质化、个性化、健康化和体验化方向发展。事实上,消费者对品牌的要求越来越高,不仅是产品体验,还包括购买方式的便利性、体验式消费场景、用户社群共振化、IP内容故事化、品牌的情感连接与互动。企业只有了解消费需求和消费趋势,才能赢得新一轮的市场竞争。

第一节　新商业下的主流消费群体

一、新市场下诞生的新商业

移动支付的便利和电子商务的创新发展，使得抖音、微博、微信等新社交平台的内容传播、IP打造、粉丝运营、产品销售等营销工作一体化。媒体和新零售渠道的分层和多元化，要求各公司品牌迎接未来商业环境，找到走向新时代的创新营销模式。

在新消费趋势的冲击下，餐饮、服装、食品、智能家居等领域涌现出许多新的消费品牌。这些品牌不依赖深度分销和传统渠道，不利用定位广告推广，不做劣质低价产品，这些新消费品牌的成长源于5G移动互联网和消费升级。中国新商业环境下，这种现象背后的品牌多元化发展模式和营销创新模式值得研究。

二、主流消费群体

开发消费市场潜力，抓住机遇提升消费的途径有两种，即"唤醒存量"和"引导增量"。"唤醒存量"主要覆盖下沉市场。"引导增长"主要涉及新一代城市消费者。

同时，要关注"存量市场"和"增量市场"的消费增长阶段。在未来的消费市场中，对于下沉市场群体来说，他们主要处于从"量的消费"到"质的消费"的过渡阶段，对产品和服务的质量更感兴趣；对于"增量市场"的城市新生代消费者，他们主要处于从"质的消费"向"情感消费"的过渡阶段，即在满足产品性能和品质要求的基础上，力求产品和服务的情感体验。

新的消费需求正在向品质化、个性化、健康化和体验化方向发展。事实上，消费者对品牌的要求越来越高，不仅是产品体验，还包括购买方式的便利性、体验式消费场景、用户社群共振化、IP内容故事化、品牌的情感连接与互动。企业只有了解消费需求和消费趋势，才能赢得新一轮的市场竞争。

人群1：新一代城市消费人群

新一代城市消费人群是指受过良好教育，年龄26～45岁，生活在一线和二线城市，家庭年收入30万～100万元的人群。

主要消费特征：

（1）追求高质量消费。新一代城市消费人群对高品质的追求不仅体现在物质消费上，更体现在生活方式上。购物时，他们专注于消费高品质轻奢品类。在购买洗衣护理、美妆、家纺、母婴、保健等产品时喜欢购买国内一线品牌和国外知名品牌。同时，他们喜欢购买有科技感的智能家电，比如净水器、扫地机器人以及各种厨房小家电等。正因为如此，一些企业和品牌推出了针对这类人群的优质产品和服务，取得了良好的营销效果。卡萨帝酒柜、戴森吸尘器等家居产品占据了不错的市场份额。这类人群在忙碌的工作外，更愿意将部分时间和资金投在休闲活动上。

(2)合理务实消费。他们在消费上拒绝奢侈、铺张浪费,虽然购买一些奢侈品,但并不多。一方面,他们愿意为更好的消费体验、更高品质的产品和服务支付溢价;另一方面,他们也注重消费过程中的价格与价值的匹配和成本,追求卓越的体验。这就是为什么高品质和高性价比的品牌受到喜爱的原因。

(3)倾向新的消费体验。由于工作繁忙、生活节奏快,他们更喜欢方便快捷的新型消费方式,注重消费带来的情感价值,容易接受互联网技术创新带来的新商业模式。

人群 2:新生代人群

新消费人群主要指的是居住在城市的 20 岁左右的年轻人,他们主要出生于 20 世纪 90 年代末和 21 世纪初。他们是未来消费不可忽视的力量,了解这一群体的消费特征对品牌具有重要意义。新生代人群具备以下特点:物质生活优越;眼界开阔,观念多元化;独立性和自主性更强。

新生代人群的消费特征:

(1)愿意为兴趣买单。在做消费决定时,新生代人群更在意自己喜不喜欢,能够大胆地做自己喜欢的事情。根据腾讯的报告,62%的"00 后"受访者愿意花时间和资金满足自己的兴趣。他们的兴趣爱好更加多样化。手账圈、汉服圈、绘圈、宅舞圈都是未来的发展趋势。

(2)追随潮流,热爱尝鲜。他们是潮流消费的引领者和主力军。同时,他们喜欢的潮流品牌和产品种类繁多,无论是奢侈品牌还是国产潮流品牌都会购买。他们追随潮流,热爱尝鲜还体现在新的消费习惯上。同时,海淘也是他们喜欢的购物方式,目前已成为跨境电商的主力军,如养猫、洋葱、海购考拉等。

（3）文化娱乐产品需求旺盛。对于他们来说，娱乐早已渗透到日常的生活中。他们习惯于利用碎片化的时间来放松，可以做到兼顾娱乐和学习。

人群3：下沉市场人群

下沉市场群体主要包含农村居民以及三线以下的城镇居民。

下沉市场人群的消费特征：

（1）产品品牌化。商品性价比、产品质量和品牌知名度都是下沉市场人群关心的因素。

（2）消费习惯与大城市接轨。近两年美妆产品在小镇年轻女性中流行，同时她们也喜欢服饰方面的时尚资讯，享受网红消费。与此同时，小城镇的年轻人也开始青睐旅游业。

（3）注重享受生活。数据显示，2017年至2019年，四线城市票房收入呈稳定增长态势。全国新增银幕和影院中，69.11%和71.97%分布在三、四线及以下城市。线上娱乐也是下沉市场人群常见的休闲活动。数据显示，小镇青年平均每天上网时间接近4小时，看电影、网购、看短视频、玩游戏是他们的主要休闲活动。

人群4：银发人群

银发人群具有以下特征：经济和时间上的双重自由；自我意识增强；触网意愿强烈。

银发人群的消费特征：

（1）健康需求。与健康和福祉相关的产品和服务对老年人非常有吸引力。健康方案、营养品、保健品、家庭医疗设备和智能电子保健设备是该群体关注的产品和服务，他们的护理需求也随着年龄的增长而增加。

（2）休闲需求。随着生活水平的提高，一些银发人群已经改变习惯,消费意识逐渐增强。他们愿意把资金和时间花在让自己开心的事情上,像健身和养生、不同的兴趣类别、旅游等。

(3)自我实现的需要。除了照顾家庭,他们会花更多的时间来满足自我实现的需要。录短视频,参加高级合唱团、舞蹈团、模特团,上大学课程,报各种兴趣爱好班,当社工等,都是他们为了自我满足而付出的努力。

企业要关注消费者。消费需求是商业活动的源泉,消费需求的不断创新是消费和产业更新的动力。在新一轮消费更新中,准确把握不同人群的性格和消费特征,对于企业进行有针对性、面向未来的布局具有重要意义。

第二节　好产品

一、什么是好产品

产品具有功能属性,是一种体验。瑞幸咖啡能打败星巴克吗? 不具备可比性,所以不存在能否打败的问题。因为星巴克是一种体验和空间式咖啡,而瑞幸咖啡是人人都买得起的咖啡,用外卖代替体验。这是因为消费者对咖啡的认知不同,群体不同,所以产品也不同。产品的本质是什么？要了解产品的本质，可以从以下几个问题入手：

这个产品是怎么做出来的？

这里面是什么？没有什么？为什么？

这个产品/服务有什么特点？

产品是如何使用的？

产品的属性有什么好处？

竞争产品/服务之间有哪些相同点或不同点？

产品感知和实际有什么差异？

谁是它的用户？

通过对以上问题的思考，企业可以判断产品诉求方向在哪里，但还需要谨记两条：

(1)产品要与消费者的需求紧密联系。

(2)产品能被消费者识别并被清楚地表达。

也就是说，产品本质能够架起一座可以达到一个具体利益点的桥梁。产品的本质是价值的载体，是企业沟通客户的桥梁。这里面有两层意思：第一层是价值载体，所承载的是客户所需要的产品的功能价值和情感价值；第二层是沟通桥梁，产品具有媒体属性，当企业把产品做到极致的时候，好产品会说话，会形成口碑传播。

只要能发现产品的本质，产品物质层面的吸引力就会迎刃而解。产品的吸引力是向消费者传达产品差异化。品牌的本质是能够在消费者心中唤起一种来自产品的隐性欲望的内涵，它源于产品，但又要高于产品本身的属性。如果说产品的本质是引导消费者理性思考并做出选择，那么，品牌的本质就是解开产品的密码——与消费者建立更深层次的沟通。

在消费时代，差异化的产品定位很重要，但只强调定位是没有意义的。消费者可以记住特定品牌，并不意味着它是一个好品牌。因此，对于企业，尤其是中小企业来说，参与市场竞争，产品创新是非常重要的，即不是看产品有多好，而是看有没有一个独特的、差异化的产品在市场脱颖而出，并围绕差异化提炼出与消费者沟通的诉求。

二、好产品的标准

标准一：好产品品质优良

好产品要有好品质。好产品有好品质的支撑，才能有出色的市场效果。消费者要求产品不仅具有卓越的品质，更要求产品品质不断提高。主流消费群体对新型产品、对创新型产品、对升级型产品，对功能扩充性产品、对智能化应用得到体现的产品，都是比较感兴趣的，这促使更多的企业采用更多的技术研发手段，进一步提升产品的品质。

好的品质与产品的价格相匹配，即使特别贵的产品也得是好产品，因为好的产品需要在市场上销售。从市场的角度来看，产品是为了满足消费者的需求。如果不能更好地满足消费者的需求，那么该产品不能说是一个好产品。

标准二：满足各方面利益需求

产品解决消费者的问题，满足消费者的需求。在产品调研阶段，要充分了解消费者面临的问题，发现问题背后的需求。消费者想要更好的交通工具，而这背后的真正需求是更快更安全地到达目的地，所以解决方案是为其提供更快更安全的交通工具。在满足消费者需求的基础上，如果产品能让消费者感到愉悦，就会促使其继续使用该产品，通过分享可以吸引更多消费者使用。

产品要有准确的定位，产品的设计和开发都是围绕这个定位进行。市场上产品种类繁多，同类型产品之间的竞争也很激烈。一个产品要想长久发展,需要具备其他产品所不具备的优势。满足用户的需求是产品存在的基础,但能为企业带来价值才是产品可持续发展的基础。这是一个相辅相成的过程,只有为企业增值后,才能吸引更好的人才,企业才能发展得更好。一般来说,好的产品应该从解决用户的问题出发,产品定位清晰准确,满足用户的基本需求,提供良好的用户体验,为企业增值,具有一定的竞争优势。

第三节　好产品的市场分析

一、产品市场分析的两个重要动作

根据产品进入市场后淘汰、沉淀的顺序,产品依次称为入门产品、常规产品、热门产品、领先产品。从大到小,呈漏斗状。入门产品数量很多,但领先产品不多。沉淀到最后的新产品,大多数是创新和有耐性的产品。一款产品要想占领市场,就需要进行全面的调研分析,包括对产品的名称、包装、价格、款式、样式等进行分析,然后根据分析结果确定合适的目标细分市场进行投放。产品研究和分析非常重要,尤其是在打造标杆市场时非常关键,打造标杆市场并不难,但是创建一个成功的、可重复的标杆市场需要大量的准备工作。

究其原因,首先,产品是企业的生命线,是企业活力的源泉;其次,产品是企业前进的引擎,没有好的产品,很难打造成功的标杆市场。例如,娃哈哈280毫升营养快线投放河南市场时,是在娃哈哈500毫升系列营养快线和350毫升系列营养快线市场逐渐成熟之后。一是价差逐渐透明,各级利润逐渐下降;二是需要及时增加容量产品,以弥补市场缺口,儿童或老人不能一次喝大的量,大瓶营养快线开盖后会因存放时间长而口感不好。这种分容量的渗透性产品一进入市场,由于各级差价都比较好,零售商很快就进行了推广。

产品市场分析的两个重要动作,在产品研究的划分和渗透中,做好两点:一是新产品整个行业的研究和预测,二是新产品交付后的精准细化投放。

1. 预测行业新品趋势

通过对新品所属行业的数据进行总体研究分析,在行业总规模、发展速度、未来一两年流行趋势等方面做出预测。例如,可以做"20××年中国功能饮料市场规模及现状分析"。功能饮料是2000年以来在欧美、日本等发达国家流行的饮品。在中国,功能性饮料也越来越受到消费者的青睐,中国正逐渐成为功能性饮料的消费大国。数据显示,2021年功能饮料各品类线上销售额均保持高增速。其中,运动饮料增速最快,达68.4%;营养素饮料占比达28%,销售额同比增长51.2%;能量饮料占比达18%,增速则不及运动饮料的一半,为33.2%,导致其在整体功能饮料市场所占比重下跌4.1%,但能量饮料仍是功能饮料赛道中比重最大的品类。红牛仍维持行业龙头地位,占整个市场的52%,另外,东鹏特饮、脉动、体质能量、乐虎也占据了相对较大的市场份额。市面上常见的红牛、东鹏特饮、体质能量以及乐虎均为金属罐装产品,下游功能饮料需求量的增加对金属包装行业的发展是利好。

近年来，环境问题，人们生活节奏加快，生活压力增大，导致亚健康人群增多。同时，随着生活水平的不断提高，人们越来越重视个人健康问题。人们健康意识的增强，开始选择健康的食品和饮品，甚至回归原生态。这种需求的出现导致碳酸饮料的市场份额不断下降，茶饮料、果汁饮料和功能饮料逐渐受到欢迎，尤其是功能饮料和果汁饮料增长迅速。对于功能饮料消费群体而言，功能饮料不仅要满足健康或者特定功能需求，更要满足这类消费群体个体差异化的口感需求，因此口味多样化是吸引消费的重要属性之一。口味单一的饮品易让消费者丧失持续购买欲望，具有优良口感及新鲜口味的功能饮料产品将吸引更多的潜在消费者。未来功能饮料向着健康化、口味化、功能化多维度发展，行业发展前景广阔。

2. 针对群体或个体进行市场细分渗透

在对行业精准细分的同时，需要针对群体进行市场细分，这有利于各项新产品活动的顺利开展，有利于更加准确寻找新产品参与目标市场的竞争策略，更有利于对行业细分后做出准确的投资预测。知名烘焙品牌策划专家指出："烘焙企业想通过产品或服务获取收益，首先就要快速加入市场竞争，拿到入场券。加入竞争，这是第一步。"一些企业由于投资预测失误，已经"死"在第一步，即没有进行产品市场细分研究而盲目进入市场。真正聪明的企业应该采取更聪明的做法，即在产品彻底细分后"不与竞争对手竞争"。

其实，"不与竞争对手竞争"并不是不竞争，而是在产品划分后寻找新的产品，这是一种更聪明、更主动、更有效的柔性竞争策略。也就是说，在划分产品后找到自己的空间，"不与竞争对手竞争"是从特定的细分市场中寻求"差异化"，为具有自身特色的新兴营销建立标杆市场。只有具备多元化的优势，才能找到自己的竞争力，才有机会成为细分市场的宠儿。

二、产品细分

产品细分最有效的三个层次：一是行业细分，二是性能细分，三是购买力细分。

1. 细化基础工作并量化

在理解行业细分之前，先来看一下品类的细分，品类是以产品性质相同或者相近的大类来划分的，常规说法有快消品类、日用百货类、耐用品类（如汽车家电）等。这些大品类是可以继续细分的，比如，快消品又分副食品、烘焙、饮料、冲调、粮油等，这属于大品类中又一次行业细分。在理解了大类的行业细分后，就比较容易理解真正的行业细分了，比如，饮品行业的细分，就包含茶系饮品、果汁系饮品、碳酸系、纯水系、乳制品系等，这些都属于品类之后的行业细分。

2. 按照产品功能再进行细分

比如，乳制品行业细分为早餐奶、晚餐奶、学生奶、成人奶、加钙奶、含锌奶、鲜奶、果味奶等，这是按照制作工艺、口味、营养成分等细分的。

3. 按照区域购买力即消费水平细分

按照购买力细分也就是日常所说的按消费档次的高、中、低细分。同样是矿泉水，只因水源地水质不同，价格差距很大，比如，萨奇苦味矿泉水（500 毫升）160 元/瓶、VOSS 矿泉水（375 毫升）100 元/瓶、依云矿泉水（500 毫升）9.6 元/瓶、5100 西藏冰川矿泉水（330 毫升）8.8 元/瓶、昆仑山矿泉水（350 毫升）4.8 元/瓶，这些都是同类产品按照价格和水源地质量进行细分，直接指向不同购买力和消费的人群。

第四节　让好产品说话

一、打造极致单品

把产品做到极致,超越客户期望,让客户不断被吸引,销量自然不成问题。一个值得思考的问题是:如何打造极致单品?极致单品主要有三个要求:一是卓越的性能(功能价值),二是强烈的情感共鸣,三是与众不同的设计。只有充满情感的产品,才有魔力,才能区别竞争对手,才能让客户产生黏性。因为生产者给产品注入了情感,给了客户新的体验——让客户觉得产品是为他们开发的。客户愿意为能引起情感共鸣支付更高的溢价。卓越的性能、情感的注入和与众不同的设计,就容易打动客户。顶级产品就像一件艺术品,值得欣赏,甚至传承。设计可以通过图像、外观、声音、质感、色彩等反映人的消费结构和价值取向,并能与客户产生情感共鸣,建立深厚的情感联系。

三只松鼠于2012年6月入驻天猫,65天后成为中国网络坚果销量第一的品牌。三只松鼠的坚果食品网店,产品体验从收到包裹开始,每一个包装都是卡通的,即一个带有品牌卡通形象的包裹。在装坚果的箱子上都会贴着一段给快递的话，而且是手写体：快递叔叔，我要去我的主人那儿了，你一定要轻拿轻放哦。如果你需要的话，也可以直接购买。这段话很萌，客户看了很喜欢。客户打开包裹后会发现，每一包坚果都送一个果壳袋，方便把果壳放在里面；每一个袋子里还有一个封口夹，可以把吃不完的坚果袋封住；袋子里备好了擦手的湿巾，在吃之前不用洗手。三只松鼠把客户的服务和情感体验做到了极致，自然赢得了好的口碑。好的口碑在互联网上"病毒式"传播，让三只松鼠快速成为互联网坚果名品牌。

二、极致思维造就会说话的产品

以互联网行业为例，互联网思维强调以用户为中心，要想了解用户，首先要准确了解用户心理。从营销的角度来说，是让用户在视觉上"尖叫"，在使用上"超出预期"，让好产品自己"说话"，形成口碑效应。而要做到这些，就需要把产品或服务尽量做到极致。

说到底，不管是产品还是服务，都是营销。极致的服务要超出预期，超出预期的服务就容易带来极好的营销效果。例如，消费者购买商品时，客服人员 24 小时轮班工作。交付给用户的包裹不仅包含购买的商品，还包含赠品等。这些小礼物的成本虽然不高，却让消费者得到了超出预期的收获，起到了后营销的作用，吸引用户再次购买。

此外，一些企业销售还设立了一个"首席惊喜官"职位，其工作是每天详细阅读客户的留言，评估哪些客户是潜在的专家，然后询问地址并寄出包裹，使产品获得更多推荐。如果快递延迟，用户也会收到"诚恳的道歉"。商品营销的成功取决于真正诠释"服务就是营销"的极致体验。

互联网时代，媒体传播逐渐从传统的自上而下的传播走向扁平化传播,有影响力的用户大多与自媒体联系紧密,无论是微博账号、微信公众号,还是其他自媒体资源,都是能形成影响力的交流工具。因此,了解用户心理,善用极致思维,对营销产品和服务有很大帮助。

第五节　移动互联下产品为王

一、回归产品

好的产品会说话,而且移动互联网会强化产品所说的内容。在信息透明、传播速度极快的移动互联网时代,过度营销的做法很难再行得通。广告大师威廉·伯恩巴赫说:"为劣质产品做广告只会加速产品消亡。"好的产品本身就有促销功能,产品本身就是一个强大的广告工具,一些高品质的产品很少做广告,但产品卖得很好。如,某咖啡品牌唯一的促销手段就是产品——咖啡和咖啡店。企业需要从根本上改变强调宣传、强调渠道的营销模式,要回归产品和回归消费者价值,用心打造好产品。

企业的生存之道就是让产品说话,用品质打动人心,才能持续健康发展。在传统营销时代,一些企业注重渠道拓展,信奉"渠道为王"的原则。随着互联网时代的到来,传统的模式很难适应现在的要求,只有把产品作为企业活动的核心，树立"产品为王"的意识，企业才可能获得长足发展。

二、把用户体验放在首位

在互联网环境下，好产品远胜于好渠道，只有做出有特色的产品，为用户提供前所未有的消费体验，企业才能赢得市场。之前企业不太重视用户体验，而用户也是先看品牌再消费。现在，用户对产品体验的要求更高，企业要以用户需求为导向，努力为用户带来更好的产品体验。只有好的产品才能占领市场，这是互联网时代企业的生存法则。也可以说，产品体验的好坏直接决定了市场前景的好坏和销售水平的高低。随着互联网技术的飞速发展，越来越多的企业意识到对用户体验要求更高。足够优质的产品体验，用户才愿意接受产品，爱上产品，甚至为产品叫好。

让用户参与产品设计是业务发展的核心，但打造优质，甚至爆款产品并非易事。闭门造车做出高品质的产品是完全不可能的，设计师不仅要向竞争对手学习，还要多听取客户的意见。从"以客户为中心"的理念出发，让客户参与产品的设计开发，无疑会激发客户的热情，让客户对产品产生更强的认同感。制造产品的目的是满足特定的客户需求。通过收集客户的反馈，企业可以更快地找到客户需求的关键点，并进行相应的调整和改进，从而在短时间内创造出满足客户期望的产品。对于客户来说，这样的产品自然更具吸引力，也更愿意为之买单。企业要想做出让客户"尖叫"的产品，就必须满足客户的期望，用合适的方式满足客户的需求。只有深耕客户体验，给客户创造惊喜，客户才能被产品吸引，爆款产品才有诞生的基础。

第六节　打造让人尖叫的爆品/竞品

一、得爆品者得天下

在互联网时代，越来越多的企业开始尝试摆脱传统模式的束缚，通过不断的研究，找到符合企业个性的发展方式，生产出更具特色的产品。在这个过程中，不仅出现了越来越多的产品品类，而且产品更新换代的速度也越来越快。企业要想占领更大的市场，赚取更多的利润，打造爆款产品是非常有效的手段。小米创始人雷军说："在互联网时代，要想成功，就需要打造一鸣惊人的产品，要有能够引爆市场的产品。"那么，什么样的产品才能被称为爆品？爆品会产生多少能量？互联网时代的爆品与传统工业时代的爆品有何不同？

一款爆品，不仅可以提升产品的销售业绩，让企业获得更高的利润，还可以提升企业形象，增加品牌曝光度。从某种程度上说，爆款产品是企业赢得客户、占领市场的一条捷径。在当今互联网高度发达的时代，各种信息逐渐透明化，人与人之间的交流也越来越便捷，一款成功的产品一夜之间就能引起市场热潮，成为各方追捧的热门话题。而企业成为行业中的佼佼者，就可能有更广阔的发展空间。

二、打造支撑爆品的体系

一些企业对爆品有着执着的追求，希望能够借助爆品让企业"一飞冲天"。然而，真正能够打造出爆品的企业，不过是凤毛麟角；真正能让消费者尖叫的爆品，是可遇而不可求的。为什么会出现这样的情况？为什么明明有营销，却始终无法引爆市场？症结在于，从试图打造爆品的那一刻起，一些企业就陷入了思维的误区。即使是一家以售卖产品为主的企业，也不能仅仅定位于卖产品，而应该为消费者提供优质的服务；即使不是传统的企业，也应该时刻关注供应链的问题；即使最终的目的是打造爆品，也应该明白爆品有时效性。

如果没有能够支撑爆品运营的体系，那么所谓的爆品也只是昙花一现，无法为企业持久获利提供帮助。爆品体系追求的是成本和收入的最优组合关系，以及整个企业体系的健康运行。然而，对一些企业来说，优化体系和追求利润仿佛是一对难以调和的矛盾。毕竟追求利润就要开源节流、压缩成本，尽量缩短产品的生产周期，而优化体系则要站在全局角度，通盘进行考虑。从企业内部和外部分别建立良好的生态体系，是一个颇具智慧的选择。

通常而言，企业的内部体系包括组织架构、资产、员工等。从爆品体系的角度而言，体系的重要性远大于产品本身，组织的重要性也大于个体。简而言之，爆品体系的内部架构要从两个方面去搭建：第一，以打造爆品为终极目标的生产体系；第二，以产品为核心的人和物。对大多数企业而言，"以打造爆品为终极目标的生产体系"是非常清晰而坚定的努力方向，但是企业对"以产品为核心的人和物"往往关注不够。实际上，一个广泛意义上的产品，应该包括将普通人转变为客户的所有价值来源。客户在与企业进行互动的过程中所体验到的，应该被看作企业产品的组成部分。也就是说，企业在产生了打造爆品的想法之后，应该将与之相关的人和物纳入爆品体系之中，包括产品、服务、协作、管理、品牌等。

只有具有高端品质的产品，才有成为爆品的可能；只有追求品质的企业，才能在激烈的竞争中赢得先机，抢占属于自己的市场。然而，"产品为王"并不意味着企业只关注自己的产品，只要打造好企业的内部体系就能做出爆品。如果一家企业只关注内部体系，而不去关注外部体系，很可能忽略一些与企业成长紧密相关的要素，最终遭遇一场失败。在搭建企业外部体系的过程中，企业需要特别关注竞争对手、供应链上的合作伙伴、客户等核心因素。

第六章 06

商业模式破局

对于企业而言,收入来自为客户提供的产品或服务,支出取决于企业提供产品或服务的成本。收入大于成本,企业就盈利。因此,研究盈利模式其实就是研究收入和成本这两个维度。

第一节　什么是商业模式

一、什么是商业模式

商业模式的本质是价值链，一个好的商业模式不仅要讲好故事，更要体现在数字上，即经济效益。一个成功的商业模式可以为客户提供更多价值，增加公司的竞争优势，甚至塑造整个行业。因此，商业模式是指为公司利益相关者创造经济价值并为公司本身及其股东获取部分价值的组织架构。

首先，商业模式是一套组织架构。这意味着商业模式是组织中的常规架构，就像轮盘一样循环往复，一次又一次地重复自己。如果公司没有重复的轮盘活动，就无法建立商业模式。如果公司每个人的做事方式都不一样，那么就形成不了成熟的商业模式。

其次，商业模式为企业的利益相关者创造经济价值，并为企业本身和股东获取部分价值。前者意味着企业的业务模型需要解决客户的核心问题。商业模式应该考虑一个有意义的价值主张是如何产生和传递的，它需要帮助重要的利益相关者兑现价值。后者意味着商业模式要确保商业活动的盈利能力。

此外,商业模式和商业战略、商业流程和营销组合的概念也不同。商业模式和商业战略在概念上的区别在于,商业战略本质是关于企业如何竞争以及如何创造和保护竞争优势。战略本身并不创造价值,而是设定盈利的界限和方向。企业没有竞争优势,那么企业的战略有问题,是企业没有选择正确的市场,或者没有办法创造竞争优势,很难盈利。然而,战略只是一种保持竞争优势的计划,战略本身并不能把利润装进公司所有者的口袋或为客户创造直接利益。只有植根于创造价值和产生利润的日常运营商业模式,才能做到这一点。但是,商业模式也不同于业务流程和技术,因为它不仅包含技术,还包含业务。商业模式不是营销组合,相反,营销组合是商业模式的一部分,是商业模式"进入市场"循环的一部分。

没有战略的商业模式很容易偏离方向,走入错误的道路;没有业务流程设计的商业是难以持续的。没有商业模式的战略只是一厢情愿,纸上谈兵;没有商业模式的业务流程是为了行动而完成的机械步骤,并且失去了与价值和利润的连接渠道。商业模式在自上而下实施战略和自下而上传达结果方面起着关键作用。

二、商业模式的特点

时代华纳前首席执行官迈克尔·邓恩说:"在经营企业的过程中,商业模式比高技术更重要,因为前者是企业能够立足的先决条件。"一个成功的商业模式不一定是在技术上有所突破,而是对某一个环节的改造,或是对原有模式的重组、创新,甚至是对整个规则的颠覆。商业模式的创新形式贯穿于企业经营的整个过程,贯穿于企业资源研发模式、制造方式、营销体系、市场流通的各个环节,也就是说,在企业经营的每一个环节上的创新都可能衍变出一种成功的商业模式。

1. 系统性

商业模式是一个描述和简化企业组织的系统。商业模式是企业提供给一个或者若干客户群的价值,也是企业和其伙伴网络所组成的体系结构。构成商业模式的各个方面和各个层次相互联系、相互依赖,存在着客观的逻辑关系。这个体系结构致力于创造并实现其价值主张,它关注企业运营的各个方面,包括企业自身及其产品或服务的定位、选择客户、获取和利用各种必要资源、进入市场等相关要素。因此,商业模式具有系统性特征。

2. 创新性

一个企业的商业模式,从选择、运用到调整、再造,直至被新的商业模式所替代,它的整个循环过程,每一步都是在创新。首先,选择和确立企业商业模式要靠创新。企业商业模式由自身的独特性和适用性决定,只有通过创新才能得以确立。没有现成的商业模式可用,企业的决策者也不能幻想"可永远利用的商业模式"。其次,运用和调整企业商业模式更要靠创新。企业要随时审视和梳理自己的商业模式,及时、有效地去加以运用和调整,从而保证经营目标和盈利目的的实现。只有深刻了解自己的商业模式,主动地去发现它的弱点,并适时调整,应对变化,才能立于不败之地。

3. 独特性

由于企业自身情况千差万别,市场环境变幻莫测,商业模式要突出一个企业不同于其他企业的独特性。这种独特性表现在如何为自身赢得顾客、吸引投资者和创造利润。严格来说,一个企业的商业模式应当仅适用于自身,而不可能被其他企业原封不动地搬过去。从这个意义上说,模式没有好坏之分,只有是否适用的区别。

第二节　商业模式

一、以客户的需求为核心的商业模式

"客户价值最大化""整合""高效率""系统""盈利""核心竞争力""整体解决"是成功商业模式的七个要素，缺一不可。其中，"整合""高效率""系统"是基础或先决条件，"核心竞争力"是手段，"客户价值最大化"是企业追求的目标，"持续盈利"是客观结果。企业在经历了要素驱动与投资驱动的两个阶段后，开始向更高的境界迈进，现在已经不是靠单一产品或者技术就能打天下的时代，也不是靠一两个小点子就能决出胜负的时代了。要想使企业有生存空间并能持续盈利，需要依靠系统的安排、整体的力量，即商业模式的设计。未来企业的竞争，将是商业模式的竞争。

一个商业模式能否持续盈利，与该模式能否使客户价值最大化有关系。一个不能满足客户价值的商业模式，即使盈利，也可能是暂时的、偶然的，不具有持续性。反之，一个能使客户价值最大化的商业模式，即使暂时不盈利，终究会盈利。因此，应把对客户价值的实现当作

企业始终追求的目标。

为了实现这一目标,需要三样东西:帮助客户获得更多价值的体系;消除客户面临的障碍的方法和措施;强调以客户为中心的企业文化。

那么,想实现以客户需求为中心的目标,企业要真正解决的问题是:自己的业务能否足够快地做出反应?

以客户需求为核心的商业模式为企业创造了巨大机遇。

(1)可预测的机遇。一方面,传统"一次性销售"商业模式可以让企业提前获得客户的投资;另一方面,要找到下一个客户。客户模式成功的重复意味着业务从长期来看更具有稳定性。

(2)成长的机遇。企业应该寻找更多的办法来带动销售,而不是寻找冷线索。企业可以通过在销售环节中向客户描绘愿景,扩展现有的客户,以吸引新的客户。

(3)创新的机遇。从深厚的客户关系中获得的数据可以让企业获得前所未有的发展。比如,企业为小型企业管理提供软件,在服务过程中发现客户在接受付款方面有困难,那就从这个方面找解决方案。如果有了客户成功模型,就能够更快地为客户推出新产品。

(4)平衡的机遇。企业能够以一种适合的方式平衡利益相关者的需求,包括客户、队友、社区和股东。

二、以网络为平台的商业模式

随着数字化在消费者端的推进告一段落,面向消费者的平台基本格局已定,但面向企业的平台方兴未艾。以 Salesforce(赛富时)为例,这是一家在服务平台领域做得非常成功的公司。

Salesforce 是全球领先的客户关系管理(CRM)平台提供商。它利用云计算技术,为企业提供一套完整的解决方案,包括销售、服务、市场营销等方面。

　　Salesforce的成功在于，它不仅提供了一种新的服务模式，而且把各种商业要素有效地连接在一起。它通过平台收集和分析数据，帮助企业更好地理解客户的需求和行为，提升了企业的业务效率和客户满意度。

　　Salesforce的平台模式改变了传统的企业软件市场。在传统模式下，企业需要购买昂贵的软件许可证，然后在本地部署和维护。而在Salesforce的模式下，企业只需要支付使用费用，就可以通过云平台使用各种服务，大大降低了成本。

　　此外，Salesforce还通过开放平台，吸引了大量的开发者和合作伙伴，形成了强大的生态系统。这些开发者和合作伙伴提供了各种应用和服务，丰富了Salesforce的产品线，提升了竞争力。可以说，Salesforce是一个典型的数据驱动的平台企业。它通过平台连接各种商业要素，通过数据驱动业务创新，成功地构建了一个新的商业社会。

　　那么，传统企业是否还有建立平台模式的机会？如何建立平台模式？平台模式就是在买卖双方之间搭建沟通、交易的渠道，降低买卖双方的交易成本，以此来获得回报。因此，做平台有个前提，就是买卖双方的数量都很大，如果任何一方数量不够，平台的生存空间就没了。可以简单地把平台分成两类：以消费者为中心的to C平台和以企业为中心的to B平台。如果把to C平台再细分的话，又可以分为B to C平台和C to C平台。B to C平台指的是平台一端连接的是企业，一端连接的是个人，天猫就是B to C平台。C to C平台指的是平台两端连接的都是个人，如淘宝、闲鱼，还有腾讯的QQ、微信等。当然，企业也可以以个人的身份在淘宝上开店，这实际上把淘宝变成了一个混合型的to C平台。

第三节　设计商业模式

一、商业模式的关键在于是否持续盈利

持续盈利是指既要"盈利",又有发展后劲,具有可持续性,而不是偶然盈利。盈利模式回答的是企业怎么赚钱的问题,本质就是研究企业的收入和成本结构。

数字化时代是盈利模式最容易创新的时代,免费模式就是典型的盈利模式创新。作为一个企业,明确了价值主张,构建好了业务系统和利益分配机制之后,还得知道利润从哪里来。也就是说,企业在给客户创造价值、传递价值之后,应该考虑如何获得价值、获得回报,这属于盈利模式的范畴。盈利模式研究的是如何扩大收入,如何降低成本,如何盈利。

工业时期,企业的盈利模式基本是单一的,开餐厅的靠餐饮盈利,做产品的靠产品盈利。工业时期,专业分工使得整个社会的生产效率大幅提升,人类的物质财富剧增,因此,在工业时期,优秀的企业往往是"专业选手"。正是这种高度的专业分工造成了企业盈利模式的单一

性，企业生产的产品就是唯一的利润来源，生产的速度则是盈利的速度。随着卖方市场向买方市场转变，企业之间的竞争日趋激烈，一打价格战，利润就微乎其微。虽然生产效率能达到一个稳定的水平，但企业始终无法控制成本，而且越到竞争后期，成本会不断提高，利润空间不断缩小。

二、设计盈利模式

一些优秀的企业意识到了盈利模式的单一性给企业带来的巨大风险，开始着手进行多元化经营、盈利模式的改造等。2007 年，哈佛大学教授亚德里安·斯莱沃斯基写了一本书叫《发现利润区》，探讨了当时 12 家成功的企业及其领导者的利润策略，总结出 22 种不同的盈利模式。在当时，这些盈利模式的落地难度非常大，原因在于社会的整体连接效率和数据化程度低下，而企业的盈利模式改造涉及各种因素的调整，而非"思想有多远，你就能走多远"的美妙故事。

新兴的互联网企业为了迅速提高客户数量，最常用的一个手段就是免费，甚至是补贴。对于消费者而言，这是"天上掉馅饼的好事"，但对那些传统企业来说，就成了噩耗。高度专业分工下的传统企业面对互联网企业的免费、补贴等竞争方式时，几乎没有有效的应对手段。

互联网打着免费的旗号，走进千家万户，新闻、博客、搜索、通信工具、邮箱、游戏等，很多都是免费的。免费意味着收入为零，那企业如何盈利呢？然而，它们不仅真的免费了，在免费同时获得了利润。在免费的背后，其实掩藏着各种复杂的盈利模式，有靠增值服务盈利的，有靠广告盈利的，甚至有靠游戏中的虚拟道具盈利的。

部分企业其实只是套用了一些互联网概念，就从风投那里获得了大量资金。当然，仅靠外来资金输血是无法获得长远发展的，企业更需要的是真正拥有自己的造血功能，也就是盈利模式。否则，将难以为继。

三、优化盈利模式的途径

对于企业而言，收入来自为客户提供的产品或服务，支出取决于企业提供产品或服务的成本。收入大于成本，企业就盈利。因此，研究盈利模式其实就是研究收入和成本这两个维度。优化盈利模式主要有四个途径——结构性优化成本、结构性优化收入、收入多频化、收入多元化。

1. 结构性优化成本

不是偷工减料，降低质量标准，也不是给员工降工资，而是通过结构性调整，使成本要素发生改变，减少成本，甚至将成本化为利润。具体而言，在优化成本方面，可以在固定成本、可变成本以及库存上下功夫。

2. 结构性优化收入

不是靠组织及个人的努力多销售、多获利，而是从产品组合、产品结构、定价策略等方面着手，提高产品单价和整体销售收入。

3. 收入多频化

从以往的一锤子买卖发展到让客户长期、多次购买，真正实现客户的终身价值。它研究的是如何增加客户的黏度，合理设计消费的节奏，让客户的每一次购买都不是终点，而是下一次消费的起点。

4. 收入多元化

拓宽收入的渠道，可以从以下两个方面着手：一是进行产品组合，吸引更多的客户；二是整合第三方，让第三方主动介入，而前提是企业对自身价值的挖掘。在数字化时代，最有价值的就是流量，目前很多盈利模式的创新，都是挖掘客户流量的更大价值。

第四节　新的商业模式

一、跨界的本质

跨界的本质是多元化，而企业跨界成功的关键要素，首先要看企业的发展阶段，其次要看企业拥有的资源。

商业格局的变化有两个核心要素：一个是技术因素，一个是消费者因素。数字化的技术进步使得生活变得更容易，让消费者融入了数字化的生活，这直接导致商业格局的巨变。在企业经营中，可以经常听到"跨界营销""跨界供应""跨界思维"等。从企业战略的角度来看，跨界的本质其实就是多元化，跨界只不过是企业多元化的一种更为与时俱进、形象的说法。

二、企业多元化

企业多元化是指企业在原主导产业范围以外的领域从事生产经营活动，是与专业化相对的一种企业发展战略。从经营状况来看，两者区分的标准是"某类产品销售额占企业销售总额的比例"。当这一比例为

95%～100%时,称为企业专业化;而当比例小于95%时,则称为企业多元化。

企业多元化一共可以分为以下四种类型：
(1)水平多元化,是指针对同类客户开发出新产品;
(2)垂直一体化,是指企业向产业链的上游或者下游拓展业务;
(3)同心多元化,是指以企业原有能力为基础的多元化,又可细分为销售技术相关型、销售相关型、技术相关型三类;
(4)混合型多元化,是指向不相关的行业发展。

其中,前三种类型都属于相关多元化,第四种则属于非相关多元化。

三、企业增长战略

企业的增长战略:一是自身专业化,将能力聚焦在产品、地域和客户扩张方式上;二是横向一体化,指水平并购、整合竞争对手;三是相关业务多元化,其包括水平多元化、垂直一体化和同心多元化;四是非相关性多元化,又称混合型多元化,指进入与企业不相关的行业。因此,企业跨界要考虑两个关键要素:一是发展阶段;二是资源和能力。

从发展阶段考虑,企业要不要跨界,究竟要以哪种形式跨界,是由自身的发展阶段决定的。在初创期,可以视为婴儿期,这时的企业应该为生存而奋斗,资金平衡是增长的关键。因此,企业这时不应该进行任何跨界,而要聚焦,做减法,实现自身专业化。不管合伙人多有经验、多有能力,外面的机会多么诱人,都要专注企业的核心业务。当企业在行业内建立了一定的市场地位后,生存有了保障,这时产品已经被市场认可,客户数量在不断增长,企业应该把注意力放在绩效的提升上,追求收入和利润的双重成长,完善内部管理、业务运作机制,并建立起相应的管理制度与流程。在能确保现金流和主业发展所需资金的情况下，企业可以尝试进行水平整合（横向一体化），整合更多的资源、产品来为客户提供更多的选择。这时的跨界，本质上仍然是为了加强企业在主业上的竞争优势。

发展到成熟期，企业地位开始稳固，应注重创新精神的培育，以避免僵化、老化，此时可以尝试进行相关多元化（具体是指垂直一体化、同心多元化）。垂直一体化是指企业在产业链上延伸，进一步扩大企业的竞争优势；同心多元化则是基于核心技术的优势，向其他的新市场进军。在成熟期做一些相关多元化，对企业而言是非常有必要的，能帮助企业保持较强的活力，从而进入可持续发展阶段。

在可持续发展阶段，企业的竞争力比较明显，主业现金流非常充沛，这时可以开始考虑非相关多元化，也就是进入跟客户、主业以及自身资源毫不相关的一些行业。这个时候的非相关多元化基于对未来的趋势把握，是为了防止企业盛极而衰所做的战略部署。如同复星集团董事长所言："当一个生意门庭若市的时候，也就是该考虑转型的时候了。"

企业的资源随着企业的发展，不断由弱变强。企业能不能跨界，还要看企业掌握着什么样的资源。比如，企业有没有跨界行业的相关资源，有没有强有力的团队等。

对于企业来讲，跨界不是想不想的问题，而是时机和能力的问题。从企业的发展阶段来看，要考虑时机是否成熟；从企业所具备的资源来看，要考虑有没有好的团队，有没有技术资源，有没有客户资源。不可否认的是，在传统的工业时代，跨界相对比较困难，成功的企业很少，原因有以下两点：第一，工业时代的大规模生产，产业链分工很精细，可能每一个零部件都存在专家级别的企业，很难跨界，例如，计算机产业链里面的微软、英特尔都是相当于专家级别,很难被超越;第二,行业与行业之间的边界非常清晰,每个行业都有自己的特性,隔行如隔山。行业与行业之间泾渭分明,甚至产业链的上下游之间都泾渭分明。因此,一个专业化的企业很难获得自己领域以外的资源。所以,在工业时代,可以看到大量专业化的公司获得成功,而盲目跨界的公司不断倒下。例如,20世纪90年代的空调业巨头春兰由于跨界而陨落,而坚持专业化的格力电器崛起成为全球空调业领军者。

四、数字时代跨界

在未来,平台模式将成为主要的商业模式,平台将无处不在。现在的平台企业几乎没有不跨界的。例如,做社交的腾讯跨界游戏、金融,如果把腾讯投资的行业也算上,还包括文化娱乐、电商、汽车交通、生活服务等。再进一步说,围绕企业的B2B平台,几乎没有不跨界供应链金融的。到底数字化时代发生了哪些改变,让跨界如此普遍呢?一方面是因为行业的边界被数据和算法击穿,数据和算法能力可以迅速累积行业经验;另一方面,不管是客户资源、技术资源还是资金,对企业来说,在数字化时代的获得都变得容易了。本来泾渭分明的行业在数字化时代有了共同的属性,那就是数据,数据直接击穿了行业的边界。不管是哪个行业、哪个环节,在被信息化之后,整个行业的大量数据就被存储下来。随着大数据发掘技术的发展,不管是哪个行业,都可以通过这些数据和各种算法来分析、优化行业的效率。

这种以数据和算法为核心的分析能力和优化能力,将远远超过过去被人掌握的行业经验。除了行业经验之外,数字化时代的企业获得资源比之前容易。例如,云计算已经成为互联网创新创业的基础平台,为年轻的创业群体提供了更便捷的创业工具和环境。

因此，与工业时代主要基于物质资产（高资本投入）的创业不同，大数据时代的创业更多是基于创意和数据（低资本投入）进行的，这就意味着更多的小企业和普通创业者基于共享、高效、低成本的互联网技术平台（阿里云等）和商业平台（淘宝、应用商店等），能更容易、更快速地启动一项新的业务，并且在很短时间里获得大量的客户资源。企业一旦圈定客户，则有极大的动力去延伸其产品和服务，增加自身更多的盈利点。例如，互联网的O2O公司"e袋洗"，一开始做的仅是洗衣服务，一旦其用户达到了一定数量级，立刻就延展到奢侈品养护、清洗家纺、洗鞋等业务，甚至一度延伸至社区服务。

数字化时代的跨界形式主要有两种：一是产品智能互联导致的跨界融合；二是客户被大量聚集导致的跨界融合。不管是哪种跨界融合，最后都将形成以平台为核心的生态模式。

产品智能互联导致的跨界融合都将万物互联，最终智能互联产品扩展至整个行业。未来竞争的焦点会从独立的产品到包含相关产品的系统，再到连接各个子系统的整个系统。例如，未来一个家庭里的电器和家居用品会被连接起来，构成智能家居系统。此时绝不是单个产品如何产生数据，如何监控自身运作，如何智能控制的问题。每个产品要融入整个智能家居系统，相互配合，甚至要采集人的数据。当这些数据被采集在一起的时候，会有智能程序分析人的习惯，然后通过控制设备，为人提供更完美的体验。因此，谁控制了智能家居系统，谁就控制了整个家居生态，而只生产单个产品的品牌很有可能向原始设计制造商（ODM）转型。

第七章 07

营销破局

无论是传统企业还是互联网企业,都面临着营销发展的瓶颈。如何通过营销行为或运营行为实现发展,几乎是每个企业都应该思考的问题。当然,不管营销策略是什么,核心是营销思维的运用。

第一节 传统营销

一、传统营销的逻辑来源

追溯现代营销发展的历史,不难发现,营销组合以及在此基础上形成的 4PS 模型,是具有划时代意义的理论创新,这种模型的价值源于其坚实的逻辑基础。如果营销偏离其内在逻辑,就很难认清本质,从而无法得出合乎逻辑的科学结论。

古典营销理论的客观经济基础是供大于求的买方市场结构,其逻辑起点是区分受控和非受控因素。20 世纪 50 年代初,哈佛大学教授博登界定了受控和非受控营销因素的区别,率先提出营销组合理论,奠定了现代营销的理论基础。60 年代,麦卡锡完成了对受控因素的分类,将受控营销因素分为产品(product)、价格(price)、地点(place)与促销(promotion)四大类,4P 组合模式的确立具有深远的影响。随后,科特勒进一步完善了营销理论的基本框架。科特勒不仅发展了 6P 组合,还在 4P 的基础上,引入了两个新的组合因素,即政治权力(political power)和公共关系(public relations),构建了所谓的"大市场"。6PS 组合模式还区分了营销组合的两个不同层次,即 4P 战略组合和 6P 战略组合。他指出,6PS 是一种战略联系,其运作要有适当的战略基础。支持 6PS 也是一种由探查(probing)、分割(partitioning)、优先(prioritizing)及定位(positioning)组成的组合模式,创造出一种新的 4PS 模式,恰好与 6PS 组成战略组合。至此,现代营销理论逐渐完善。

在经典营销理论中,环境是企业生存和发展的空间。营销管理的基本任务是实现企业与不受控制的环境之间的动态平衡。根据环境的不同,有一些受控的营销因素,于是,利用这些因素,将各种可控因素作为一个整体来适应不可控的外部环境,成为顺理成章的结果。麦卡锡、科特勒等学者很好地发展了博登的思想,使现代营销的理论体系和内涵更加完整、丰富,为现代营销理论的发展作出了巨大贡献。博登之后的许多新理论、方法和模型,包括 4C 模型,都结合了消费者的欲望与需求(consumer's wants and needs)、成本(cost to satisfy wants and needs)、便利(convenience to buy)及沟通(communication)等因素,基于利用受控因素适应不可控环境的逻辑。

二、营销中的思维方式

每个企业的营销行为都需要营销思维模型作为营销活动管理的支撑,有多种营销思维模型,常用的是流程思维和精深思维。

1. 流程思维

企业在策划营销活动、用户运营、产品迭代时,通常是一接到任务就干,从不分析制定目标和实施路径。在这样的过程中,往往是工作做到一半,发现方向错了,甚至全部推倒重来。当自身被赋予一项营销任务时,首先要思考要达到的目标,然后根据目标制订合适的计划和实现路径。即使过程中出现微小的障碍,也能确保前进的方向正确,不出现偏差，顺利完成目标。

由此可知，在确定目标后，流程思维至关重要。一般来说，在制定某项营销方案时，需要对用户群体参与营销活动的全过程进行思考，并对关键节点进行详细规划。简单来说，企业想了解营销活动过程中的用户行为路径，可以通过流程图、步骤图、任务图等进行排序。

在营销管理中，过程思维模型的核心是寻找营销活动的关键节点，并且使营销活动的效果得以管控。常用的模型是漏斗模型。无论是销售人员还是策划人员，通常会将漏斗模型纳入自己的营销管理中。这背后的逻辑在于用户在企业的营销工作中生成的行为路径，包括：从关注到口碑，再到购买的几个链接。先关注漏斗模型的第一层，在这个环节它的基数是最大的，在每个环节都可能导致一部分用户的流失，直到用户作出购买决策，这就是所谓的转化率。

2. 精深思维

精深思维，也叫精细化思维。无论是营销还是运营，用户在营销各个环节的转化率也会有一些差异。举个简单的例子，企业在做网络营销获客的时候，如果在低转化时增加推广和消费的预算，基本上是浪费预算。因此，在策划营销活动时，需要将有限的预算资源分配到用户最有可能转化的时间节点和渠道，以提高正在进行的营销活动的效率。在这个时候就需要用到精深思维模型。

精深思维模型的应用主要是用户运营和社群运营。本质是根据使用的 AARRR 模型（用户获取、用户激活、用户留存、获得收益和裂变传播推荐）的不同阶段来区分用户，完成用户差异化，充分利用用户画像来跟踪用户行为。并针对不同层次、不同阶段的用户进行有效触达、传播和激活，最终实现成功的营销转化。当然，也可以理解为基于大数据，围绕用户群体、需求场景、流程和产品的差异化运营策略。

每个独立的用户可以实现某种类型的操作思路和定制化、个性化的维护，但仅靠人力很难实现。无论是传统企业还是互联网企业，都面临着营销发展的瓶颈。如何通过营销行为或运营行为实现发展，几乎是每个企业都应该思考的问题。当然，不管营销策略是什么，核心是营销思维的运用。

第二节　营销的核心

一、企业营销

企业的营销是98%的信任、1%的触发和1%的销售。营销更多的是通过与客户建立信任关系，从而达成销售的目的。具体来说，营销需要通过对目标客户的了解和沟通，使客户建立对企业品牌和产品的信任和认可，从而影响购买行为，最终实现销售。其中，"98%的信任"体现在企业需要建立稳定的信任关系，通过持久的品牌营销，让客户信任和认可自己的品牌。"1%的触发"指的是通过独特的营销创意，引起目标客户的兴趣，从而进一步推动销售。"1%的销售"则是将信任和触发转化成实际的销售行为。通过各种销售策略和手段，巩固客户的信任，引发购买欲望，促成销售。

营销的价值主要在于建立稳定的信任关系,并将其转化为购买行为。因此,营销可以说是"98％的信任＋1％的触发＋1％的销售"。

二、企业品牌

企业的品牌如同个人的形象,在市场中具有非常重要的地位。企业的品牌形象,不仅代表了企业的核心价值,也可以影响消费者的购买决策。因此,企业在经营品牌形象的过程中,应该加强对品牌独特性的思考,积极建设企业品牌,提升品牌美誉度。

企业品牌的形象不仅是企业的标志,也是企业文化理念、经营思路、品牌口碑等方面的反映。这些方面共同组成了一个企业品牌的形象,影响着消费者对企业的认知和信任度。

首先,企业需要建立独特的品牌特性,这可以通过对品牌特色的深入挖掘,从而在众多品牌中脱颖而出。其次,企业需要加强品牌文化建设,从员工到消费者,都是品牌推广者,充分体现企业的价值理念,增加品牌形象的高度,提高品牌价值。

建立独特品牌,需要考虑几点:企业的历史及背景、所处的市场竞争环境、市场定位目标、产品价值等。同时,企业需要在品牌定位上精准定位,让品牌与目标消费者相互匹配,追求品牌的独特性,为消费者传递企业独有的价值理念。

企业需要通过多层次的手段,对品牌文化进行精心管理,从而建设优秀的品牌形象。企业文化在品牌推广方面扮演着重要角色,而构建企业文化需要循序渐进,从理念、战略、管理、员工等方面不断铺垫,最终可以维护好品牌的稳定性。

品牌形象,是消费者了解品牌的第一步。因此,企业需要凭借品牌形象,将自己的品牌和其他品牌区分开来,建立一系列的建设性工作,例如,品牌宣传、文化示范等,让消费者对企业生产的商品、服务、形象、信誉度产生良好认知。优秀的品牌形象可以为企业带来更多的客户、产生更多的商业机会,从而得到市场的认可。

在这样背景下,企业需要定位自己的品牌,确定如何在市场上发挥价值,这也是企业发展的关键。创新可以让品牌更加具有亲和力,符合市场需求,从而为企业带来更好的业绩,赢得更多的客户。

从创新视角来看,企业还可以通过多元化发展,进一步提升品牌形象,增强品牌塑造力,实现品牌的全面发展。多元化可以使多个品牌以多重视角展现,进而满足不同消费者的需求。

三、企业产品和服务

一个企业若产品质量不过关,那么消费者就难以相信这个企业。因此,从品牌建设的角度来说,企业只有生产出好的产品,形成好的品牌,才会赢得客户信任。

企业行事端正、生产优质的产品和维护良好的品牌形象,三者之间有着紧密的联系。三者可以相互支撑,形成一个稳健的企业生态系统。企业要维护好每个环节,精心打造品牌,塑造品牌形象,得到消费者的信任,才能在市场竞争中获得成功。因此,企业需要投入足够的人力和物力,不断提高生产能力和品牌创新能力,推动发展。

一般情况下,企业行事端正的基础就是要生产优质产品,这是品牌建设的基石。这些产品要符合市场的实际需求,以及符合最佳设计和制造标准。如果企业生产出来的产品质量不好,那么,品牌就无法得到消费者的认可,会降低市场份额。

好的产品生产出来之后,接下来就要通过市场宣传,使消费者能够知晓。企业可以利用各种宣传方式,传播其品牌信息,让消费者注意到品牌，了解品牌背后的价值，从而有所行动（例如购买）。

在消费者购买产品之前，会先考虑这个品牌的信誉度。具有一定信誉的品牌，比那些没有信誉的品牌更受消费者的青睐。因此，企业需要通过有效的品牌营销活动，提高知名度，为品牌积累良好的口碑。

如果消费者购买了某个品牌的产品，并感到非常满意，就会主动向自己的朋友、同事或家人推荐。口碑可以迅速传播，产生积极效应，企业也可以借助社交媒体等工具跟进宣传。

第三节　营销以市场为导向，以客户为中心

一、营销的根本是以市场为导向，以客户为中心

在任何时候，以市场为导向，以客户为中心，都是企业生存的基础。一些企业认为自己是"以客户为中心"经营理念的践行者，实际上，不少企业仅把这一理念仅放在嘴边，根本没能执行真正的"以客户为中心"。

要清楚认知到，以市场为导向、以客户为中心的营销策略有助于企业更好地满足客户需求，提高竞争力，实现可持续发展。这是因为客户是企业生存和发展的基石，市场则为企业提供了发展的机会。因此，关注客户需求和市场趋势对企业的发展至关重要。在越来越激烈的市场

竞争中,不断优化以客户为中心的企业才有可能取得成功。

1. 客户需求是企业的生存基础

企业生产产品或服务的目的是满足客户需求。通过关注客户需求,企业可以提供更具吸引力的产品和服务,从而促进销售。

2. 提升客户满意度

以客户为中心的企业更容易建立和维护良好的客户关系。只有提供优质的客户服务,企业才能够提高客户满意度,从而提高客户回购率。

3. 提高市场竞争力

以市场为导向的企业能够更好地了解竞争对手,从而作出更有针对性的决策。这使得企业在激烈的市场竞争中保持竞争优势,吸引更多潜在客户。

4. 创新与发展

关注市场和客户需求使企业能够发现新的商业机会。企业可以根据市场变化和客户需求调整策略,推出创新的产品和服务,实现可持续发展。

5. 提高营销效果

以客户为中心、以市场为导向的营销策略能够更好地吸引客户,提高客户的回报率。通过深入了解客户需求,企业可以制定更具针对性的营销策略,实现更高的营销效果。

6. 客户细分与定位

了解客户需求的多样性使企业能够明确目标市场并进行客户细分。这有助于企业更好地满足不同客户群体的需求,提升市场份额。例如,汽车制造商可以根据客户的经济状况、驾驶习惯和对环保的关注程度来设计不同类型的汽车,以满足多样化的市场需求。

7. 个性化营销策略

企业可以运用大数据和人工智能技术，为不同客户提供个性化服务。例如，在线零售商可以根据用户的购物习惯，为其推荐合适的商品，提高转化率。

8. 增强品牌价值

一个以客户为中心的企业，不仅关注销售，还关注客户体验。以华为公司为例，它不断创新，提供优质的产品和服务，致力于提升用户体验，从而在全球范围内建立了良好的品牌形象。

9. 持续改进与优化

通过收集客户反馈意见，企业能够发现潜在的问题，并采取有效措施予以改善。例如，餐饮企业发现顾客对外卖速度的投诉较多，可以通过优化物流、增加配送员等措施来提高配送效率。

10. 建立合作伙伴关系

企业可以与供应商、分销商等合作伙伴共同关注客户需求，共同创造价值。例如，手机厂商与运营商合作，共同推出定制套餐，为用户提供更优惠的购机和通信服务。

11. 增加客户推荐

通过以客户为中心的服务的策略，企业可以在客户心中建立信任，从而增加口碑传播。例如，酒店通过提供卓越的客户体验和贴心服务，赢得了客户的好评，这些客户会主动向他人推荐这家酒店。

12. 弹性应对市场变化

在面临经济波动、行业变革等挑战时，关注客户需求和市场趋势的企业能够更快地调整战略和业务模式，从而降低风险。例如，在数字化时代，一些传统零售企业将业务转到线上，以满足客户对便捷购物体验的需求，从而让企业在竞争激烈的市场中立足。

以客户为中心，以市场为导向的营销策略对企业的长期发展具有重要意义。企业应关注客户需求、市场趋势和竞争环境，以制定和实施有效的营销策略，从而实现可持续增长和竞争优势。

二、以客户为中心

从以企业为中心和以产品为中心的传统营销，发展到以客户为中心和以需求为中心的现代营销。无论在哪个阶段，市场定位和营销战略对企业都至关重要。所谓市场定位，就是企业决定自己为哪部分客户服务。现在，企业不再为所有的客户服务，而只为自己选择的目标客户服务。确定了目标客户，企业就能围绕目标客户的特点和需求开展一系列营销工作。换言之，企业通过为目标客户创造价值而获得利润。可以说，营销就是经营的根本。

第一，企业应对客户进行细分，以便为不同客户群体提供个性化的产品和服务。通过客户细分，可以确定目标市场，制定针对性的营销策略。客户细分可以根据多种维度进行，如年龄、性别、地域、职业、消费能力等。例如，年轻消费者更关注家具价格和设计，而中老年消费者则更看重家具实用。

第二，需要了解客户的需求。可以通过多种方式收集客户需求信息，如问卷调查、访谈、客户评论等。了解客户需求后，企业可以调整产品、服务和营销策略，以更好地满足客户期望。典型的做法是，建立客户信息数据库，收集和整合客户的需求信息、购买行为等数据。这些数据有助于企业了解客户需求，为客户提供个性化的产品和服务。例如，通过调查发现，客户对轻便、舒适和时尚的运动鞋有较高需求。基于这一发现，可以推出一款采用轻盈材料、独特设计的新款运动鞋，以满足客户需求。

第三，为客户提供优质服务。优质客户服务是提升客户满意度的关键。企业应确保客户在购物过程中获得愉悦的体验，如提供多种支付方式、快速响应客户咨询、解决售后问题。同时，进行客户满意度调查，了解客户对产品和服务的评价和建议，以便及时改进等。此外，还可以通过优惠券、积分和会员制度等手段，激励客户回购和推荐。

客户体验是衡量企业是否以客户为中心的重要指标。优秀的客户体验包括产品、服务、环境等多个方面。企业应通过持续改进，提升客户在各个环节的体验。例如，企业可以优化网站和移动应用的用户界面，提高导航和搜索功能。

三、以市场为导向

要以市场为导向，企业需要关注市场趋势和动态。通过收集和分析行业报告、竞争对手信息和消费者行为数据等，可以洞察市场变化，及时调整策略。同时，企业应关注政策法规、科技发展等因素，以应对潜在的市场风险。比如，应定期收集竞争对手的信息，如产品特点、价格策略、市场份额、营销活动等，并对竞争对手进行分析。基于分析结果，企业可以发现自身的优势和劣势，制定相应的竞争策略。

在营销方面，企业应勇于创新，推出新产品、服务和营销活动，以满足不断变化的市场需求，并且关注自身核心能力的发展，以实现持续竞争优势。企业还应运用多种营销渠道和手段，扩大品牌知名度和影响力，包括线上渠道（如社交媒体、电子邮件、内容营销等）和线下渠道（如门店活动、路演、展览等）。企业可以接触到更广泛的客户群体，提高市场份额。例如，现在化妆品品牌通过与网红合作、举办线下试用活动等方式，提升了品牌知名度和产品销量。

在市场导向的营销策略中，数据是关键。企业应运用大数据、人工智能等技术,收集和分析客户、竞争对手数据,为决策提供依据。数据驱动的决策能够帮助企业更准确地把握市场和客户需求,提高营销投资的回报率。典型的做法是电商平台利用用户购物历史,为用户推送个性化的商品推荐和优惠活动,从而提高转化率。

实现以市场为导向、以客户为中心的营销策略包括了解客户需求,客户细分与定位,提供优质服务,关注客户体验;了解市场趋势,分析竞争对手,多渠道营销,数据驱动决策。通过这些策略,企业可以更好地满足客户需求,把握市场机遇,实现可持续发展。在实践中,企业需要根据自身的特点和市场环境,灵活运用这些策略,并及时优化,以满足客户的需求。需强调的是,企业还应关注社会责任,如环保、公益等方面。履行社会责任有助于提升企业形象,树立良好的品牌声誉。

第四节 打造营销的场景

一、场景的基本含义

在营销中,场景指的是利用互联网和移动互联网不断创造和生成场景,将不同的对象组合在一起的一种思维方式。在商贸领域,场景不能等同于销售渠道,场景也不能等同于供需挂钩的具体场景。在这里,场景是由人、地点、时间、技术等多个维度组成的"小世界"。这个"小世界"可以是真实的,也可以是虚拟的。此外,场景也是以人为中心,利用互联网和移动互联网实现高效连接,用内容重构产品与用户之间的关系。场景的出现与大数据分析技术的成熟应用密切相关。零售商基于数据思维打造用户画像,将各种用户活动数字化。对移动设备的依赖,以及 AI、VR、AR 等技术的成熟,人们不同的消费行为可以在这个数据网络中得到有效的结合。这为商家创建场景提供了非常有价值的原始资料。那么基础创建好之后,场景又是如何生成的呢?

例如,微信社交软件中的"微信运动"功能,以及运动类 App 通过定位运动地点、记录步数、运动天数打卡、与好友竞赛等方式鼓励用户运动。这就是将简单的运动变成了多场景的运动体验。

二、场景的六大要素

场景的六大要素可以概括为表中所示的内容。

场景的六大要素

六大要素	具体内容
人物——谁	性别、年龄、职业、爱好、习惯、当下需求等
时间——在什么时候	季节、节庆、日期/星期、白天/晚上等
地点——在什么地方/去了哪里	国家、城市、街区、楼宇等
环境——在什么样的环境下	信息环境(声音、气味)、周围人群/人群关系等
行动——做了什么	线上或线下有目的的购物、饮食、询问等
结果——产生了什么样的结果	停留、离开、消费等

在构建场景的过程中,这六大要素必不可少。场景六大要素的存在和拓展,给了商家创造场景的无限可能:商家可以根据特定的角色来创造营销场景。

了解场景,是为场景应用打基础。场景是六大要素相互作用的结果,一般具有以下特点:

(1)场景功能性。这决定每个场景都有对应的端到端业务环境。场景本身的商业环境会为客户提供多种选择。例如,商场提供购物、美食、游戏、电影等。通过这些功能,商场可以吸引大量顾客。

(2)场景的周期性。场景会根据不同的时间点发生变化,在不同的时间点,场景对顾客的吸引力会有所不同。例如,冬天去户外滑雪会形成一个营销场景,一旦冬天过去,场景消失。

(3)场景的公开性。在每一个场景中,人的行为都是公开的,甚至可以量化。例如,在超市里,人们购买的主要是米、面、油、肉、蛋、奶等生活必需品。这些商品都是公开的,可以买到。

(4)场景的群体性。部分场景是由特定群体在特定时刻创造的。例如,快闪族,节日期间某些统一的群体行为等,都是群体性场景。

(5)场景变化性。在某些场景中人的行为会发生变化。这是一个不可预测的变化。例如,消费者正在商场买衣服,但是朋友告诉她,同款的衣服在网上卖得更便宜,她就听从朋友的建议,去网店购买,这是一种行为由心理驱动的变化。营销中的场景来源于人们生活中基本的场景,除了这六大要素外,这样的场景还有一些与众不同的特点。了解了场景的基本内容,可以理解为什么场景在营销中占据如此重要的地位。

第八章

08

品牌破局

品牌不仅仅是一个名字或一个符号,它代表了消费者对产品质量、服务和价值的期望。因此,企业要始终注重产品质量,确保其满足或超过消费者的期望,才能建立和维护良好的品牌形象。

第一节　品牌的两大要素

一、品牌定位

所谓"品牌定位",就是企业力求品牌在消费者心目中占据独特的、有价值的位置,使特定产品在消费者心目中形成具有代表性的品牌印象,从而影响消费者的购买选择。品牌定位是重要的商业策略。它是企业针对特定品牌的个体差异而采取的一种文化取向。它依靠产品定位来建立符合目标市场的品牌形象。换言之,就是为特定的品牌确定合适的市场定位,使产品在消费者心中占有特殊的、不可替代的位置。当消费者产生需求时,例如,购买牙膏,就会想到"美白牙膏",就会选择黑人品牌。

消费者之所以有这样的选择,是因为这个品牌的定位植根于其产品特性所产生的品牌效应。这种品牌定位的差异会直接影响目标受众对公司品牌的评价,会影响该品牌所能达到的收益。例如,如果一个品牌定位于高端白领服饰市场,而另一个服饰品牌定位于批发服饰市场,那么两个品牌的发展路径是完全不同的。品牌定位决定了企业未来的发展方向和品牌发展的高度,因为品牌定位是企业一切营销活动的前提。

为了突出产品某一方面的特点,企业竭尽全力确保产品在消费者心中的印象。产品定位就是根据产品本身的特性来确定品牌在市场上的定位。此时,广告应着重于该产品的独特之处,以区别于其他竞争产品。

在具体的品牌定位中,构成该产品内在特征的诸多因素,如产品质量、档次、价格、特性等,都应该是定位的基础。要实现品牌定位,首先要对产品特性进行定位。也就是说,品牌定位的前提是产品特性的定位。

企业在根据产品特性对品牌进行定位时,一般采用以下方法:

(1)特殊成分定位。突出产品特有的某些功能性成分,例如,双氟牙膏,由于突出了含有双氟成分预防和治疗牙齿疾病的特性,迅速赢得了某些群体的青睐。

(2)特殊功能定位。产品的特殊功能不同于同类产品,实现差异化优势定位,例如,美白牙膏所强调的美白、健康牙齿的功能。

(3)多功能定位。强调产品除了消费者期望的用途外,还有一定的普通消费者没有想到的用途,例如,"六必治"中草药牙膏,不仅满足消费者清洁牙齿的需求,还可以为消费者提供治疗牙齿疾病和杀菌的功能。

(4)特殊情感定位。通过突出产品特殊的情感色彩,满足目标消费者对产品的要求,就像福源馆、囍临门等品牌,传递的就是愉悦、喜庆和祝福等特殊情感。

(5)竞争优势定位。突出公司产品与知名品牌产品不同的竞争优势,如七喜饮料,突出七喜是区别于可乐的"非可乐型"饮料。

（6）特定关联定位。通过强调特定关系来定位产品特征。例如，某汽车公司就是将公司的部分产品与市场上的知名品牌产品相结合，以追求特定的竞争优势。例如，某柴油机厂为某汽车公司等知名厂商生产配套产品。

从心理学的角度来讲，品牌形象是消费者面对企业产品所产生的一种心理反应，因而品牌形象是消费者主体与产品客体之间相互作用产生的结果。从广义来讲，品牌形象是指企业品牌在市场、社会中，以及在消费者心中所表现出的个性特征，体现的是消费者对品牌的认知与评价。人们对品牌形象的认识，基本着眼于那些能够影响品牌形象的因素，如品牌的属性、名称、价格、包装和声誉等。品牌形象与品牌设计之间的关系是不可分割的，形象是品牌所表现出来的特征，反映的是品牌的本质。品牌形象包括品牌的名称、标识、包装、图案、广告设计等。

二、品牌形象的树立

品牌形象是品牌的根基，所以企业要格外注意对品牌形象的塑造。品牌设计是品牌形象的一方面，但仅从审美角度评价一个品牌并不是最好的方式，因为除了审美功能外，品牌标志设计还应包含更多元素。品牌标志代表企业形象系统，包括企业思维识别、视觉识别和行为识别三个方面。品牌通过语言、行为和视觉传达品牌文化。这意味着要打造一个完整的品牌，需要有视觉、语言和行为的内容。把品牌比作一个人，品牌形象体现在具有不同个性的人性化行为中。

那么，如何塑造公司的品牌形象呢？需要从以下几个方面入手：

1. 产品质量是品牌形象赖以生存的基础

有人认为，通过品牌设计、产品包装和广告宣传，就可以打造知名品牌，使产品畅销。事实上，这样的品牌往往会像流星一样迅速陨落。

某著名汽车制造商的相关事件就是一个很好的例子。

该企业是一家全球知名的汽车制造商,其创新的设计和尖端的技术吸引了大量消费者。然而,近年来,该企业的一些产品质量问题引发了消费者的关注和质疑。在 2022 年,该企业生产的汽车在市场上出现了一些质量问题,包括汽车自燃、刹车失灵等。这些问题在社交媒体上引发了广泛的关注,影响了其在市场上的形象和销售。

这表明,产品质量是品牌形象的基础,任何忽视产品质量的做法都可能对品牌形象造成损害。

品牌不只是一个名字或一个符号,它代表了消费者对产品质量、服务和价值的期望。因此,企业必须始终注重产品质量,确保其满足或超过消费者的期望,才能建立和维护良好的品牌形象。

2. 使命塑造品牌形象

品牌存在的重要性是什么?一个品牌能为企业、社会创造什么价值?尤其是一个品牌如果能为社会创造财富,即使不做广告,也会被消费者所推崇和铭记。例如,微软将品牌使命定为为世界上每台电脑提供操作系统,从而改变人们的生活方式。迪士尼则赋予品牌为人们创造欢乐的使命。正是因为这种使命感,即使经历了数十年的社会变革,这些品牌仍在继续蓬勃发展。只有社会需要,品牌才能长久生存。一提到开市客,人们就会想到便宜、省钱,这就是开市客品牌的使命宣言。这种使命感让一家批发卖场发展成全球拥有 500 多家连锁店、年销售额达数百亿美元的零售巨头。品牌的使命不是一句口号,而是一套与其形象相符的品牌特征。

3. 精心设计的品牌故事

精心设计引人入胜的品牌故事可以增强客户对品牌形象的好感度。在品牌文化中,品牌故事是感性的部分,品牌故事越是有趣、感人,越能让顾客记忆深刻。品牌故事要表达积极的内涵,能与产品建立高度的正面联想,能与顾客建立良好的联系。另外,故事的内容应该容易理解,容易记住。

依云矿泉水价格较高,其品牌的历史特别吸引人,与产品有着非常积极的关系。依云水的源头是雄伟的阿尔卑斯山,来自阿尔卑斯山的雪水,在阿尔卑斯山的深处,经过层层冰川砂的自然过滤和矿化作用,造就了依云水。据说,从前有一位法国贵族不幸患上了肾结石。一天,他在依云小镇散步时感到口渴,就从当地取了些水,喝了之后感觉很好。又喝了一段时间后,他惊奇地发现自己感觉好多了。于是人们纷纷涌入依云镇,亲身体验依云水。拿破仑三世和他的王后对依云矿泉水情有独钟。1864年,他们正式将这里命名为依云城,依云矿泉水由此走向世界。

4. 设计令人难忘的品牌标志

品牌标志可以使品牌有效传达视觉信息,一个好的标志可以让人记住并留下良好的印象。好的品牌识别需要系统化,设计一个完整的CI系统,从思想到行为,再到视觉效果,都要相互关联。品牌形象设计中的卡通吉祥物对于拉近品牌与顾客的距离非常有帮助,会大大提升顾客的好感度。例如,瑞星杀毒软件中可爱的小狮子卡卡。如果消费者看到一个标志,可以想到它所代表的产品,这意味着这个品牌已经成功了。

品牌标识设计得当,可以显著增加品牌形象的亲和力,迅速获得消费者的认同。如果设计错了,不容易被记住,甚至会让人产生排斥感。例如,某牌子香肠的标志是蜜蜂图案,由于设计粗糙,不仔细看就像一只停在香肠上的苍蝇。消费者有了这种联想,自然就会失去购买的兴趣。

5. 让品牌形象成为品类的代表

当年康师傅方便面火的时候,人们说买方便面,不会说要一碗方便面,而是说要一碗康师傅。那时,康师傅成了方便面品类的代名词,该品牌已经发展到可以完全代表品类的程度。当人们想要购买该产品时,首先想到的是这个品牌。这种品牌形象对于促进产品销售无疑是非常有用的。

6. 提炼产品形象的流行口号

"补锌就喝蓝瓶的""咽干咽痛请选用金嗓子喉宝"等,这些耳熟能详的口号能让大家记住并迅速接受。

一个成功的品牌语言须具备三个要素:一是品牌语言与产品的功能、特性和情感层面相一致,这样才能给消费者留下一致的印象,加深消费者对产品的认同感;二是广告语要采用有特色、易记、朗朗上口的语言,没有人主动去背广告内容,只有易读易记、生动有趣或触及灵魂的标语才会被不经意捕捉并记住;三是持续传播,一个成功的品牌语言就像一个成语,消费者一听到就能马上想到它背后的含义。

当一个品牌的口号成为流行语言时,大众会经常引用它。比如,一个男人对一款笔记本电脑很感兴趣,但是因为价格太贵而犹豫不决。同事们半开玩笑地鼓励他说:"买,男人要对自己狠一点!"这个品牌的标语就像长出的翅膀,在消费者中传播开来,为企业省下不少广告费。

第二节　品牌的知名度和忠诚度

一、知名度

品牌知名度是指潜在购买者记住特定产品品牌的能力。品牌知名度是企业重要资产，但是靠品牌知名度并不能增加企业的销量，尤其是新产品。因此，在竞争激烈的细分市场中，不仅要提高品牌知名度，还应该借企业的品牌知名度产生销售收入。在激烈的市场竞争中，不少企业建立了品牌知名度，产品具有一定的市场占有率，但也有一些企业缺乏对品牌长期运营的总体规划。尽管一些品牌都有"百年老字号"的牌子，但无法预知未来。

创立品牌时，企业将广告宣传视为品牌，却完全忽略了企业战略决策对品牌的影响。换句话说，品牌就是一门生意。品牌管理应纳入企业的战略规划，要学会运用战略的理念来管理品牌。正如"名牌对愚者来说已大功告成，是终点；对智者来说才刚刚开始，只是暂时领先"。如果企业战略出了问题，品牌形象宣传得再好，知名度再高，也于事无补。任何知名品牌的寿命都与企业的营销策略有关。

打造品牌不能局限于塑造形象,还要体现品牌的管理。在实施品牌战略的过程中,品牌经营面临的挑战是"满足顾客未知的需求"。品牌的市场取决于目标消费者的口碑,而品牌价值取决于目标消费者如何看待公司的承诺。也就是说,品牌的目标客户群越大,消费者选择的周期越长,品牌的价值就越大。

二、忠诚度

品牌忠诚度,是衡量顾客对一个品牌的感受,是指顾客可以从一个品牌转向另一个品牌的程度。如果某个品牌的商品或服务与其他品牌竞争,目标消费者的品牌信念是否动摇是检验品牌忠诚度的关键。消费者对品牌的忠诚度越高,竞争对手对目标消费者的影响越小。当然,目标消费者目前对一个品牌是忠诚的,并不意味着会永远忠于这个品牌,不会转向另一个品牌。对于一个品牌来说,忠实顾客的价值是非忠实顾客价值的9倍,品牌产品的很大一部分销售来自一些非常忠诚的顾客。顾客对品牌的忠诚度越高,企业品牌利润的增长越明显。由此不难看出,品牌的价值并不等同于企业建立品牌地位的初期投入,品牌价值的关键在于目标消费者是否忠于品牌。

品牌忠诚度营销是企业提升品牌资产价值的必由之路。品牌忠诚营销的目标是留住对品牌忠诚的顾客,并不断努力增加品牌忠诚顾客。企业应当立足于品牌忠诚度营销的角度进行经营,因为单纯的销售并不是企业营销的最终目的,企业在营销中要与目标消费者建立伙伴关系,这样不仅要赢得顾客忠诚度,还要管理它。换句话说,企业使用一切可能的营销手段来吸引、维持和加强消费者的品牌忠诚度,以培育和维持最有价值的目标消费者。因此,企业在为消费者提供优质产品和服务的同时,努力塑造品牌的个性,以达到吸引消费者的目的。

产品是企业生产的,而品牌是消费者在市场上的心理认知产生的。一个品牌要想被消费者接受和认可,必须要有核心价值和品牌个性。如果企业没有这两个基本要素,那只是生产一个产品。品牌经营不仅监控产品质量,更应从企业文化中提炼核心价值,唤起目标受众的情感共鸣,并上升到产品的传播,随着时间的推移形成区别于竞争对手的品牌个性。由于产品日趋同质化,品牌能够在竞争中脱颖而出,只有由品牌价值和个性构成品牌生命,并成为重要的品牌附加价值。然而,调研众多品牌后,核心价值难寻,存在对消费者承诺模糊、品牌个性不足等诸多问题。如果不释放核心价值,客户就会流失,更不用说忠诚度了。因此,企业在向消费者传达品牌信息时,如产品功能、销售策略、广告传播等,应体现品牌的核心价值,让消费者熟悉并记住品牌。

企业经营者应当知道,如何在众多客户中识别出那些品牌忠诚客户,在吸引、成长和发展过程中建立品牌忠诚客户群。获得品牌忠诚客户是一个循序渐进的过程,需要企业的品牌营销人员长期、细致地进行品牌忠诚营销,重点要突出产品或服务的品牌特色,要在细分市场、特色服务、超值享受等方面下功夫。举个例子,美国运通创建的品牌的核心客户可以称为非常成功的商务旅行者,其核心产品是旅行支票和赊账卡。这些产品基本履行了品牌的承诺,以卓越的服务、安全可靠、全球通用、认可和尊重来维护客户忠诚度,并将品牌忠实客户群的需求、期望与品牌自身提供的主要产品联系起来,是世界上受尊敬的品牌之一。

企业营销人员不仅要重视、发现和培养购买前的目标消费者的品牌忠诚,更要在其购买后强化消费者对品牌的忠诚意识,如通过提供满意的,甚至超乎满意程度的售后服务突出品牌的概念,从而强化目标消费者对品牌的信任。企业要切记,销售不是唯一目的,建立消费者的品牌忠诚度才是企业发展的目标。品牌忠诚度是凭借企业的努力,不断地为消费者提供优质产品和服务,与消费者进行良好的沟通与互动,逐渐取得消费者对品牌更深层的认同,最终获得消费者的好感,形成长期的信任与支持。品牌忠诚度的建立不是一朝一夕,而是一个长期而缓慢的过程,需要企业十几年、几十年,甚至百年持之以恒坚持与坚守,才能不断提升品牌价值和客户忠诚度。

第三节　打造品牌势能

一、品牌背后的心理学

从某种意义上说,品牌建设的目的就是要在用户心目中形成清晰、积极、持久的印象,即具有积极内涵的长期记忆。如果用户心中对一个品牌有优质的记忆,当消费需求产生时,会立即想到该品牌并购买。因此,打造品牌的关键不是寻求"差异化"的价值,而是寻求品牌的"独特性"价值,通过传播手段创造深刻广泛的记忆,产生"品牌联想",从而让用户在各种情况下都能轻松"想到"自己的品牌。

该观点看似有道理,但并不完全正确,只适用于工业时期消费领域高度同质化的快消品。在一些技术驱动的类别中，随着技术的进步，这种说法越来越偏离品牌的本质。其实，品牌并不是像苹果公司的"时尚""酷"这样的在用户心目中的印象，而是一种主观的情感记忆。更确切地说，它是对产品的感觉以及与之相关的情感记忆，代表一种抽象且简单的个人主观感受。

此外，在一些情况下，这样的感受和情绪发生在用户的潜意识层面，难以表达。但在一定的消费场景下，直接影响用户对某个品牌的评价。

因此，品牌其实不是一种"信息"记忆，而是一种"情感"记忆。更准确的品牌公式是：品牌＝品牌形象＝"品牌元素"＋"用户情感"。因此，品牌是用户心目中的一种"非理性"的情感和感受。简单来说，品牌是用户的表情符号。而且，这种感觉一直在变化，根据输入的信息和直觉不断地重塑。

用户对品牌的感受和情感主要是在与品牌所代表的产品、服务和企业的互动体验中形成。对于从未使用过的品牌，用户会根据他人的评价和一些直观的感知，如产品的外形、品牌元素的特点，甚至广告的内容，快速做出判断。

这些随机的、看似不合理的行为，甚至是经不起推敲的评价，是用户作出品牌购买决策的依据。然后，用户根据实际体验对品牌的初始感受进行修正对品牌的评价。从这个角度来说，"品牌存在于用户的心里，而不是头脑中"，即品牌存在于用户的感性世界，而不是理性世界。

为什么"苹果"品牌会被一些用户追捧？因为它给用户带来了独特而强烈的感受和情感，正是这些情感驱使用户购买苹果产品。围绕苹果产品产生的情感才是苹果品牌的真实存在。这种品牌情感到底是什么？

回答这个问题前,需要讨论用户的"情感记忆金字塔"(见右图)。人类的情感虽然极其复杂,但在品牌这个范畴中大致可以分为四类:信任、赞赏、喜爱和敬仰。这四种品牌情感都是建立在信任的基础上,然后随着情感强度的增加,会不断提升,直到"敬仰",呈现出金字塔状的结构。这种提升品牌情感的过程,与异性之间的情感发展非常相似。它从"信任"开始,然后在递进的交流中上升到"赞赏""喜爱",甚至"敬仰"。企业要打造品牌,先要在用户心中建立起"信任"的情感,然后逐渐将其提升为情感强度更大的"赞赏""喜爱""敬仰"。建立和加强这种情感联系,也是品牌塑造的四个阶段。

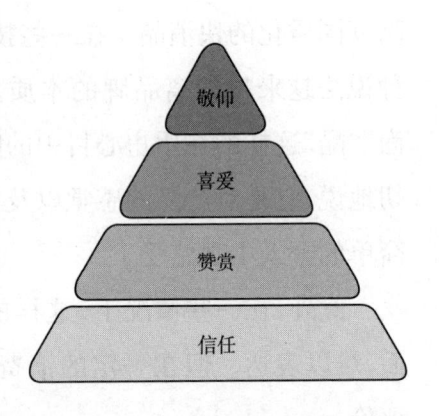

虽然可以说打造品牌就是创造"品牌联想",但围绕品牌的真正"联想"并不是个别的"概念"或"意义",而是"情绪"或"感受"。这四种与品牌相关的情感在用户心目中唤起了四种心理感受,即安全感、幸福感、亲切感和成就感。这四种感受代表了人的四种基本心理需求的满足,大致对应马斯洛需求理论的几个层次。因此,品牌真正满足的是用户的情感需求。

构建用户品牌情感,需要根据人的情感需求,不断更新完善。当企业解决这些用户情感需求时,用户自然会体验到相应的品牌情感。

一般来说,"信任"的情绪会产生"大品牌",如腾讯、微软、亚马逊等。"赞赏"产生"好品牌",如戴森、宝马、雀巢等。"喜爱"塑造"强品牌",如抖音和露露乐蒙等。"敬仰"打造"超级品牌",这种情感层面的商业品牌很少,如华为在一些用户心中被认为是英雄品牌。这个级别的超级品牌往往成为时代的文化符号。当然,非商业品牌越来越成为"超级品牌",如世界一流大学清华、北大、哈佛、剑桥,这些品牌在用户情感金字塔的顶端,超越了文化符号,成为承载人类精神力量的品牌。

因此,品牌以情感的方式长期存在于用户心中。当用户受到与品牌相关的外部刺激时,从"心"中提炼出对品牌的特定情感和感受,而不是主流品牌理论中所说的一系列文字和形象记忆,即"品牌联想"。这种感觉或情绪直接指导用户的决策。基于信息记忆的"品牌联想"并不是品牌的核心,基于情感记忆的"品牌联想"才是品牌的真正形态。因此,品牌作为一种情感记忆,代表了用户的情感"关系"。可以说,不少品牌都是"关系型"品牌。

二、强大的品牌具有高势能

品牌是用户的情感和能量,体现了人们内心深处的一种冲动和行动意愿。这就是为什么品牌是用户心中的一种能量,可以促使他们购买。品牌能量与用户的情感水平直接相关。品牌在"信任"情感中所包含的能量相对较低,而在"喜爱"和"敬仰"情感中所包含的能量较高。当然,品牌的能量越高,越能激发用户的购买欲。而且,品牌的能量不仅可以激发用户的购买冲动,还可以通过用户将这种能量传播给其他用户,引发更多人购买这个品牌的热情,将能量传播到更大范围用户中。因此,品牌能量越高,势能越高,实现长期健康成长的能力就越大,品牌就越强。

换句话说,强势品牌是高情感的品牌,自然也是高能量或高潜力的品牌。一个高能量的品牌具有"点燃"功能,就像一股势头强劲的草原篝火,既能维持现有用户的消费热情,鼓励他们再次购买,又能不断点燃新用户,实现快速扩张。

欧洲工商管理学院教授琼·拉里齐所说的"势能效应",即一个品牌不需要做太多的营销和推广,就能迅速获得动力,实现销售,并能够保持高增长率,是一个"自驱力"的高增长品牌模式,可谓是品牌建设的最佳状态。苹果、抖音、华为等高能品牌,让用户志愿做"火炬手"或者"品牌大使",传递这些品牌的热情和能量,影响周围的人,让品牌之火越烧越旺。可以说,品牌的强弱取决于它所带来的用户的能量。强势品牌不仅能保持健康发展,而且韧性强,多半会成为行业或品类的领导者。

一个品牌的强弱是由它的能量值决定的。品牌能量也决定了品牌的财务价值,即品牌资产。从企业的角度来看,品牌建设就是创造品牌的势能,品牌战略的本质是创造一个具有高势能的品牌。企业只有通过建立用户情感而非认知,才能实现这一目标。简单来说,潜在的品牌能量就是用户情感的聚合。用户对品牌的情感越深,品牌的势能就越强。对品牌有情感的用户越多,品牌的能力就越大。

一个品牌的总势能是其用户的品牌情感之和:品牌势能＝单个用户的品牌情感×用户总数。单个用户的品牌情感反映了品牌的"情感深度",而用户总数代表的是"情感广度"。对于企业来说,最好的状态是每个用户的情感层次上升到"喜爱"和"敬仰",即"用户激情"的状态。对品牌充满热情的用户成为不遗余力推广品牌的免费销售员和品牌大使,他们竭尽全力推广品牌。

一个高能量的品牌能带来更多的利润,但知名度高的品牌能量水平未必高。一般来说,B端(企业或商家)品牌的能量值普遍低于C端(消费者)品牌的能量值,但也有例外。从长远来看,由于B端和C端行业的融合趋势,B端品牌战略的关键之一是提升用户的情感层次,从而提升自身的能量值。在"媒体稀缺,注意力过剩"的工业时期,品牌建立在认知、记忆和媒体传播的基础上,而在"媒体过剩,注意力稀缺"的数字时期,品牌建立在情感、联系和社交媒体口碑的基础上。

工业时期的品牌化过程可以简单描述为"知名度—美誉度—忠诚度";数字时期品牌化过程则恰恰相反,即"忠诚度—美誉度—知名度"。两者呈相反的逻辑和顺序。因此,现在,企业不应当再使用工业时期的理论和品牌模型,而应该使用准确反映当今商业和品牌环境的数字时期的品牌模型。

数字化时期,品牌首次可以以"全景体验"的形式出现,深入用户生活的诸多场景,时常与用户近距离接触互动,同时为用户提供诸多价值。更重要的是,越来越多的品牌具有个性和更丰富的内涵,可以与用户建立真正的情感联系。当一个品牌有了情感,它就开始蕴含能量或潜力。

因此,数字时期品牌建设的基本逻辑是:品牌势能是品牌成长的基本动力。企业品牌建设的本质是点燃和强化品牌的势能。品牌管理就是管理品牌的势能,而品牌的势能也是衡量企业品牌管理水平的基本指标。作为这个逻辑系统的一部分,企业应该用品牌来吸引和激发用户,然后通过用户来激发更多的用户,而不是用媒体去诱导或说服用户。所以,它的过程是:找到能量源,点燃它,不断放大能量,再引导扩散,最终形成一团熊熊烈火。进而,继续推波助澜,即打造新产品,引发新一轮的能量生成、强化和扩散过程。

如此一来,品牌将拥有持续稳定的高能量潜能,实现长期、健康的自我发展。品牌建设是一个"找寻—点燃—强化—扩散—维护"(search-start-strengthen-spread-sustain,5S)过程。根据这个过程,创建一个具有强烈情感和高能量潜力品牌的基本逻辑,可以概括为:找寻—点燃—强化—扩散—维护潜在的品牌能量。具体来说,根据品牌潜在能量模型，品牌建设包括以下五个步骤：

第一，找到容易被点燃的种子用户，这是能源点。这些用户是品牌热情或能量的起点，对品牌的成功至关重要。这些"种子用户"一般都是小众市场的开拓者。在科技产品市场上，这些就是所谓的"极客"。小米的起步就是靠这些极客的支持。在消费品市场，种子用户是形形色色的"专家"。露露乐蒙和派乐通的迅速成功离不开健身达人的支持。在B端市场，这些种子用户是被痛点影响较大的企业。

第二，创造极致产品和体验，实现能量激活。点燃种子用户热情的方法，就是打造一个"超出预期"的最终产品，让产品直接"接触"并真正触动关键用户，赢得他们的喜爱和追捧。该产品可以描述为能量启动点火器。当然，没有明显差异化的产品很难赢得这些用户的青睐。因此，在品牌能量模型中，产品是品牌建设的基础。点燃种子用户的产品须具有"显著差异化"，尤其是在B端市场。随着数字技术的发展，单纯依靠极致产品来引爆用户的效果逐渐下降，而包括产品在内的优质"品牌全景体验"将成为启动品牌能量的标配。这种高层次体验的设计和交付是数字化时期品牌战略的核心。

第三，创建用户社群并增强品牌势能。用户社群是加强品牌影响力的重要平台。数字时期是关系型业务成为主流的时期。品牌的社交属性加强了品牌与用户之间的情感联系。对社群的归属感和参与感，将大大提升用户与品牌相关的情感，为品牌能量的进一步传播打下坚实的基础。

第四，激活用户和社群成员，在社交媒体平台上进行广泛的口碑传播。一旦用户和社群成员被充分激活，他们将通过社交媒体平台或在线论坛将品牌的热情和能量传播给周围的人。品牌需要在社交媒体和在线论坛上提供优质内容，同时设计高效的分享机制以最大限度地发挥这种口碑传播的效果。

第五，通过不断创新，不断将新产品推向市场，保持品牌活力。保持品牌活力的方法之一是不断将优质产品推向市场。现在，一场以优质产品为基础的"品牌全景体验"正在被点燃，强化和维护品牌实力变得越来越重要。数字时期的创新将是产品创新和全景体验创新的结合。全景体验创新也将是品牌创造可持续竞争优势的关键。近年涌现的众多数字品牌，如完美日记、希音、欧贝姿，大致都遵循着这样的模式和路径。可以说，品牌势能模型能够更准确地捕捉数字时期品牌建设的主要驱动力和过程。

第四节　品牌营销新趋势

一、未来品牌营销复杂趋势

现在，企业面临更加复杂的经济环境，更加严峻的考验。接下来，市场营销会发生什么变化？如何在营销中抢占先机？根据市场调研，有以下十大营销变革预测，是未来营销发展趋势。

1. 从内容营销到体验营销

三流的公司卖产品，二流的公司卖服务，一流的公司卖体验。信息不对称的时代已经一去不复返了，单纯靠概念故事化的内容营销很难打动消费者。体验营销是伴随数字化进程的营销推广模式，通过看、听、用，甚至参与，为用户提供与情感、行为、思想、感官相关的综合体验。在客户体验中，突出产品和服务的特点及优势，与受众的独特体验相联系，充分体现产品和服务的价值，最终让受众购买。

2. 从网红网络营销到全民数字营销

每个人或企业都将拥有一个具有多功能性、独立性和隐私性的数字身份。重复的工作任务将通过使用人工智能、机器人技术和机器人流程自动化（RPA）支持的"数字工作者"来实现自动化或增强体验感。用数字人代替真实的网红，可以有效降低人员成本，为用户提供身临其境的体验。同时，与真人主播、网红相比，数字人不会受到负面新闻的影响，可以24小时不间断工作，在成本控制和流程控制上更加高效。华为云"云笙"、清华大学"华智冰"、科大讯飞"爱加"、百度"曦灵"从图像写实到理解智能，从人工制作到自动化制作，数字人未来可能会取代真人网红，重塑IP价值品牌。

3. 从视频营销到直播营销

视频营销以内容营销为主，完成从流量到获取收益的全过程。而直播营销重在营销能力，靠流量获利。从视频营销到直播营销，是营销形式的一次重要创新，是商品时代向社交时代过渡的结果。对于品牌来说，直播营销不只是直播卖货，因为直播营销本身就是事件营销。观众可以通过实时互动参与直播活动，与品牌方进行深度交流，从而引发情感共鸣。

4. 从私域营销到全域营销

由于平台流量的加速、私域运营成本的增加以及消费者习惯的改变，私域营销将逐渐向全域营销转变。全域营销可以更清楚地看到一个私域企业的全貌，而不是"只见树木不见森林"。全域营销是一种长期的营销思维，立足于客户的真实需求，全面解决用户的问题，为用户提供真正的价值，赢得优质客户的信任，从而建立可持续发展的商业模式。全域营销更加注重"客户体验"，这将成为业务增长的新引擎。

5. 从数字营销到品效合一

企业的营销目标和营销方式发生了重大变化，已进入存量时期。存量的本质是从物资匮乏时期的"以生产为中心"延伸到现在供过于求的"以客户为中心"。要真正以客户为中心，营销目标不能简单地专注于流量转化和私域运营。唯有品效合一，才能真正保证可持续的市场培育和转化。

6. 从出口产品到品牌出海

基于生产成本和人工成本低的优势，初期，企业主打"质优价廉"的产品。在电子商务快速发展的背景下，随着市场的不断成熟，产品竞争从低价转向品牌，越来越多的企业增强了品牌意识，力争建立自己的品牌。一大批中国企业品牌在食品饮料、家居户外、美妆、汽车、游戏等领域不断壮大，通过在国外市场的探索和运营，积累了大量的经验，并且产品很快在国外市场获得了认可和信任。

7. 从客户成功到客户成长

营销的价值和使命要从以交易成功为导向，向以客户成功为导向转变和升级。客户的成功不仅包括商业上的成功或产品依赖上的成功，还包括学习、社交、资源整合等多维需求。客户对可持续成功和增长诉求强烈。这是客户成长的需求，也是新时代社交营销和私域运营需要关注和提升的方向。

8. 从线上营销到线下营销

营销方式的本质是让目标客户了解企业的产品和服务，进而产生兴趣，最后买单。然而，线上营销只能成为一种表面的信息传递方式，真正的高价值支付需要面对面的线下互动。作为一种精准营销方式，线上和线下营销将随着线下业务的重构而逐渐回归。

9. 从营销技术到营销数智化

随着企业对营销技术的深入理解和运用，MarTech（一种智慧营销概念）平台为企业提供的综合营销能力，将越来越受消费者欢迎。MarTech逐渐从以技术为核心转向为企业提供全面的营销应用能力和以消费者体验为核心，深入服务消费者，不断积累经验、知识和技能，通过技术实现消费营销服务的产品化、平台化。以更少的资源服务更多的消费者，从而帮助企业全链条的数字化、智能化升级。

10. 从物理世界到虚拟世界

计算机视觉、人脸识别、眼球追踪、人工智能、AR/VR等相关技术、资金、人才等正在推动新兴产业的发展，催生元宇宙的诞生。元宇宙被称为即将到来的数字时代的"创新蓝海"，企业将通过自建平台或占领现有平台的方式，在虚拟世界中迈向新高度。数字生活、网络生活正在逐渐渗透现实生活，元宇宙的发展"赋能"人们过上更好的生活，新体验、新内容的再现是人类社会发展的趋势。

二、短视频和直播的显著优势

随着移动互联网的普及和发展，短视频和直播平台迅速吸引了大量用户，并保持了较高的活跃度。企业通过这些平台传播品牌信息，能够触达更多潜在消费者。短视频和直播有着显著优势，具体如下：

1. 视觉冲击力

短视频和直播具有较强的视觉冲击力，能够快速吸引用户注意力。企业可以通过制作有趣、创意、富有情感的视频内容，有效传递品牌信息,提升品牌形象。

2. 实时互动

直播具有实时互动的特点,企业可以通过直播与消费者进行实时沟通,了解消费者需求,回应消费者疑问,提升消费者信任度和满意度。

3. 丰富的营销手段

短视频和直播平台提供了丰富的营销手段,如挑战赛、话题互动、弹幕互动等。企业可以利用这些手段,创造高效传播,提高品牌知名度和美誉度。

4. 方便的数据追踪和分析

短视频和直播平台具有数据追踪和分析功能,企业可以实时了解内容传播效果,优化传播策略。此外,企业还可以通过平台数据,分析消费者行为和需求,指导产品和服务的改进。

5. 网红和意见领袖的影响力

短视频和直播平台会集了大量网红和意见领袖,企业可以通过与这些网红合作,利用其影响力扩大品牌传播效果。这种合作方式有利于提高品牌信任度,吸引潜在消费者。

6. 低成本和高性价比

相较于传统媒体广告和其他数字营销手段,短视频和直播营销成本相对较低。企业可以通过自制内容或与网红合作,实现较好的品牌传播效果,降低营销成本。

短视频和直播营销不仅有助于提高品牌知名度,还能增强消费者对品牌的认知。通过短视频和直播,企业可以展示其产品和服务的优势,分享企业文化,激发消费者的购买欲望。然而,短视频和直播营销也面临一些挑战,如内容同质化、平台竞争激烈、用户注意力分散等。企业需要在制定短视频和直播营销策略时,充分考虑这些挑战,并采取有效措施应对。例如,企业可以通过创新内容形式、精准定位受众、与网红深度合作等方式,提升短视频和直播营销的效果。

总之,短视频和直播作为企业使用的品牌传播途径,为企业提供了一个高效、创新的品牌传播平台。企业需要充分利用短视频和直播的优势,灵活运用多种营销手段,实现品牌传播目标。同时,企业还需要关注短视频和直播市场的变化,及时调整营销策略,以应对激烈的市场竞争。

三、利用短视频和直播进行营销

1. 要有好的内容创意和制作

企业先需要策划有趣、吸引人的短视频和直播内容,以吸引用户关注。内容应与企业品牌定位、产品特点、目标受众等因素相一致,以确保营销效果。企业需要在内容创意和表现方式上进行创新,以区别于竞争对手。差异化的内容更容易吸引用户关注,形成独特的品牌印象。也可以多关注社会热点、行业动态和用户兴趣,制作符合趋势的短视频和直播内容。通过抓住热点,企业可以吸引更多用户关注,提高传播效果。例如,护肤品牌在流行的"护肤大赛"热潮中,推出一系列护肤品测评和使用教程短视频,吸引用户关注和试用。还可以与网红、意见领袖合作共同制作内容。例如,一些化妆品品牌通过短视频平台展示产品的使用方法和效果,同时邀请知名美妆博主分享化妆技巧,吸引消费者关注。

在进行短视频和直播营销时,可以整合线上线下资源,发挥协同效应。例如,企业可以将短视频和直播内容同步更新到各种平台上,扩大品牌传播范围。例如,家居品牌在短视频平台推出一系列家居布置教程后,将视频同步更新到官网、社交媒体、线下门店等渠道,实现多元化的品牌传播。

2. 要选择好平台和用户定位

企业需要根据目标受众和市场特点选择合适的短视频和直播平台。不同平台的用户群体、活跃度和兴趣点可能有所差异，企业应该有针对性地进行推广。例如，某运动品牌在抖音和 TikTok 进行推广，针对不同地区的用户展示运动潮流和健身教程。

企业可以利用短视频和直播平台提供的各种营销手段进行推广，如话题挑战、悬赏任务、弹幕互动等。企业还可以通过平台广告、合作伙伴推广等方式扩大品牌曝光度。例如，手机品牌在直播平台举办新品发布会，邀请明星代言人和科技博主互动，同时设置观众抽奖环节，吸引大量用户参与。企业还可以在短视频和直播中设置限时折扣、优惠券等促销活动，激发用户的购买欲望。同时，这些活动可以鼓励用户分享视频，进一步扩大传播范围。例如，美妆品牌在直播平台举办限时折扣活动，向观众发放优惠券，刺激观众购买并分享直播链接。

企业需要关注用户的需求和反馈，通过互动评论、问答、投票等方式与用户建立联系也可以通过创建社区、线上活动等手段，培养用户的忠诚度。例如，某摄影器材品牌在直播平台举办摄影技巧讲座，邀请观众提问并分享自己的作品，形成互动性强的摄影爱好者社区。

企业需要关注用户在观看短视频和直播过程中的体验，如画面质量、播放速度、互动方式等。此外，企业还可以通过设置评论、点赞、转发等功能，鼓励用户参与互动和传播。例如，一些科技品牌在直播平台举行新品发布会，邀请观众提问并进行抽奖活动，增强用户参与度和品牌黏性。

3. 要注意进行数据分析和优化

企业需要通过数据分析了解短视频和直播营销的效果，如观看量、点赞数、评论数、转发数等指标。根据数据反馈，企业可以及时调整内容策略、传播渠道和营销手段，以提高营销效果。例如，某时尚品牌发现短视频中的穿搭教程受到用户欢迎，便加大该类内容的投入，同时邀请时尚博主参与，进一步提高品牌影响力。企业需要研究短视频和直播平台的推荐算法，优化内容标题、封面、标签等元素，以提高推荐概率和曝光度。例如，旅游品牌在发布旅行目的地短视频时，针对平台算法设置合适的关键词、地理位置标签等，提高视频被推荐的可能性。

另外，企业在进行短视频和直播营销时，需要遵守相关法规和平台规定，避免出现侵权、虚假宣传、低俗内容等问题。此外，企业还需要关注网络安全和用户隐私保护。例如，医疗品牌在短视频平台推广健康知识时，需确保内容真实、准确、合法，遵守医疗广告相关法律法规。

企业在进行短视频和直播营销时，需要合理分配营销预算，确保投入产出比达到满意水平。企业可以通过不断尝试和优化，找到适合自身的营销策略和手段。例如，电子产品品牌在进行短视频和直播营销时，通过对比不同平台、内容类型和广告形式的投入产出比，调整投放策略，提高营销效率。

第九章 09

团队破局

不少创业者认为,只要项目好,机会够多,就有人愿意投资。其实不然,产品再好,还是需要有人去操作。在创业过程中,创业者需要打造一个团队。然而,创业者最重要的任务之一就是招人,但招人对于任何一家创业企业来说都是一个问题。

第一节　组建团队

一、组建团队的必要性

研究表明,创业团队在创业过程中起着非常关键的作用。换句话说,在企业初创时期,一般都有创业团队支持。

不少创业者认为,只要项目好,机会够多,就有人愿意投资。其实不然,产品再好,还是需要人去操作。在创业过程中,创业者需要打造一个团队。创业者最重要的任务之一就是招人,但招人对于任何一家创业企业来说都是一个问题。因为很多初创企业给不起高薪水。

如果创业者无法在早期找到优秀人才,最好的办法就是以找天使投资人一样的标准去招人。

一些初创企业在获得一定的资金后,开始盲目扩充团队,增加员工数量,以期开拓更大的市场。大量使用猎头所谓的"顶尖技术人才",盲目相信大公司背景,相信所谓专业性人才和经验,直到最后发现"高薪聘请的精英团队,其实对用户反馈一窍不通"。这些外来的职业经理人逐渐让产品面目全非,加速了公司消亡。如果创业者放慢招人的节奏,提高招人的准入门槛,保持可控的成本,可以为企业争取更多的时间,在试错中生存下来。

有进取心的团队具有独特的气质。创业团队相对于其他类型的团队有以下几个鲜明的特点:

1. 团队的开创性

创业群体的目的是创造新局面,而不是追求已经实现的目标,这往往意味着开发新技术、开拓新市场、运用新管理理念、创造新组织形式等。这种开拓需要一个具有很强创新理念和能力的团队。

2. 组织的变动性

在创业过程中,创业团队的组织架构会经常发生变化。短期内,组织波动会增加创业风险,团队资源遭到破坏,风险投资、技术和人才等创业资源流失。从长远来看,组织的变革和调整是不可避免的,而在变革过程中可以打造出一支结构更合理的强大创业团队。

3. 团队的平等性

创业团队往往具有高度平等的特点,但这种平等并不意味着股权的绝对平等,而是基于公平的平等,即基于团队平等的框架客观评估每个成员的贡献。事实证明,绝对的平等不仅不利于企业的发展,反而会阻碍企业的发展,因为权力的过度分散会导致企业运转中的机会流失。团队需要建立以能力和贡献为基础的激励政策和薪酬体系,因为合理的激励政策和薪酬体系是保持团队稳定和团队绩效的基础,也是团队公平的体现。

4. 能力结构的全面性

创业团队面临着不确定的市场环境,机会和威胁会出现在各个方面,这就要求创业者具有一定的特殊能力。因此,团队成员的创业技能不仅各有所长,而且能取长补短。

5. 紧密协作性

由于创业团队的风险和机遇可能来自各方面、任何时间，这就要求创业团队不能完全靠事先分工。同时，由于个人具有独特的能力，需要创业团队成员紧密合作，共同应对各种挑战。

任何时候，一个协调良好的团队和良好的企业文化，都能带来好的效果。无论是患难还是共荣，都要学会先生存、后发展。

第二节　团队成功的基础

一、带出一支无坚不摧的团队

与自己有相同价值观的人一起工作时，会找到归属感，也往往会展现出自己最好的一面，所谓"志同道合"。因此，在团队管理中，重视价值观的作用并加以培养是非常重要的。

共同的价值观可以激发强大的团队凝聚力，让团队成员自发行动，相互协调支持，完成"不可能完成"的任务。

宝洁公司的价值观之一就是"造福世界"。20世纪90年代末，巴西的宝洁公司濒临倒闭，员工甚至担心公司破产。因为高端的宝洁产品并不适合当地消费者。当时巴西增长最快的人群是低收入消费者，他们使用廉价产品。

例如,他们仍然用手洗尿布,这是一项烦琐而单调的工作。巴西宝洁团队成员认为这并没有改善当地人民的生活。于是团队成员与这些家庭一起生活,仔细分析宝洁的每一个流程,然后开发出几款他们称之为"basico"的创新产品,结果获得了巨大的成功。

团队成员认为,他们不仅要为企业创造利润,更要思考如何造福世界。正是这套强大的价值观推动了跨职能部门以及企业与客户之间前所未有的合作。

二、培育团队成员的共同价值观

1. 团队价值观的形成

首先,团队价值观不是与生俱来的,需要管理者引导,经过持续潜移默化的影响,成员才能逐渐接受并内化团队的共同价值观。在这个过程中,需要团队领导者的倡导和宣传,加深对团队价值观的理解。

其次,培育团队价值观,需要完善配套机制,让团队价值观渗透到日常运营中的每一个环节。这里的支撑机制主要是指制度规范。

2. 价值观机制中的制度规范

从价值的角度看,机制中的制度规范可以分为两类:

第一类是操作性规范。团队成员行为中以价值观为导向的规范,是价值观的直接体现。例如,公司价值观是"高生产率",因此员工行为准则规定"当天的工作必须在当天完成"。

第二类是硬化规范。奖惩规范可以加强人们对组织价值观的接受,从而强化规范。

华为创始人任正非曾在一次内部讲话中说:"华为历经多年风雨,确立了自己的价值观。这些企业价值观和行为可以逐渐合理化。"它们通过创建一个闭环来证明自己的合理性。当价值观和行为规范形成闭环时，才能自我充实、自我完善。

随着明确的价值主张以及随之而来的各种运营规范和强化团队规范的形成，团队价值建设的步伐向前迈进了一步。

3. 团队价值共识

团队价值共识是指团队成员对团队的共同价值观和原则，如群体规范等的认同程度，以及团队共同愿景的执行程度。只有在价值观共识的指引下，团队成员才能在心理上保持一致，才能互相看重。在此基础上，可以共享个人掌握的信息，充分融合和激发各种异质性特征，发挥组合效应，大大提高团队绩效。

拥有实现共同目标的权力，团队也要建立自己的愿景，目标和愿景要与公司的整体战略保持一致。

为了建立这种相互理解，领导者需要以身作则，让你的团队相信你。

《诺曼底空降兵》有一个突破性的场景："一位中尉并非因为做了些错误的决定而成为一个糟糕的领袖，他之所以是一个糟糕的领袖是他根本没有做出过决定。"温特斯说，"施佩尔！过来，我要你出来，代替戴卡德继续进攻！"这促使大家行动起来。在这个场景中，其实是看领导在完成任务的同时，能否反应迅速、果断。但是，用什么方法可以增加判断的准确性，有两个层面：一是领导对团队的了解，二是团队对领导的信任。

如果电影中温特斯不了解团队成员，他就无法准确指出谁可以承担相关责任。

可以说，一个好领导绝非偶然。领导要花费大量心思和精力来理解和履行自己的承诺。这意味着一件事，一个领导者不只是发表感人的演讲、美好的愿景，还要有自己的行动。

在以身作则的过程中，一个基本要素是：建立共同的价值观。

领导者一旦确立了共同价值观，难免会产生这样一个问题，即"团队是应该保持共同价值观，还是多元价值观"。

其实，在尊重人与人之间的多样性和差异性同时，也要强调共同的价值观。

如果团队成员对核心价值观的看法不同，会产生矛盾，导致团队的行动计划不协调。

除了要有核心价值观的认同和以身作则，还需要不断地审视现在所做的事情是否连贯、清晰，是否值得去做。

当人们清楚了解领导者的价值观、自己的价值观和共同的价值观时，他们就会清楚地知道自己的目标是什么，也就能够面对挑战和危机。

然而，如何明确界定共同价值观？领导者发起与团队成员的对话，只有通过对话，才能了解员工的共同价值观。

领导者的任务是邀请大家参与创造和理解价值形成的过程，如果没有共识，不清楚价值从何而来，最终会一盘散沙。

三、创业团队应该具备的价值观

创业者在寻找商业伙伴的过程中，由于价值观不同，往往无法共同创业。而一个创业团队应该具备什么样的价值观？

1. 不忘初心

初心指的是当初企业倡导的信念和理想，也就是创业的社会价值。如果没有创业的初衷，金钱和名誉将成为衡量一个企业成功与否的简单标准。一方面，在追名逐利的环境下，很难在同质化竞争中取胜；另一方面，它会限制格局和远见，也许好的生意不一定是长期的事业。正确的创业应该有一个好的初心，先感动自己，再感动他人，团结一群志同道合的人，共同前行。

2. 信任

在创业的过程中，会面临很多诱惑，大家都想走捷径，导致各种创业乱象。一个好的创业公司需要尊重市场、尊重用户、尊重竞争，要有做事底线。正确的道路虽然艰难，但应坚持下去。

3. 说实话

在创业团队内部撒谎会掩盖问题，增加沟通成本，破坏团队成员之间的信任，最终会被用户和市场抛弃。创业公司讲真话，沟通效率高，及时发现问题，与外界建立信任。

4. 多付出

公司是创业团队的组织者，代表着大家的共同利益，所以，诚信是创业公司的基本原则。在创业时遇到各种问题，基本上都是团队成员努力不够的问题。在困难和迷茫中，唯有努力拼搏，才能有所突破。

5. 心存感激

任何人的成功都离不开内部团队、外部伙伴、家人和朋友的帮助和支持。何况，创业的伟大成就，其实是一种趋势，是历史某个时期社会发展的客观规律。并不是一个创业团队或个人有多能干，就能成创业成功。因此，创业取得的任何成就都要心存感激。

6. 聚焦战略合作方向

从初创企业的发展壮大，到传统企业的转型升级，其实都与战略考量有着千丝万缕的联系。打造合适的团队，整合各种资源，以团队的力量应对市场变化，是每一个创业团队都要面对的考验。

第三节 打造团队的核心在于赋能

一、什么是赋能

谷歌创始人曾说过,"未来组织最重要的不是管理和激励,而是赋能"。"赋能"一词源于心理学,旨在通过言语、行为、态度和环境的改变,向他人传递积极的能量,从而最大限度地发挥个人的才能和潜能。当然,这里的赋能指的是环境的营造和个体潜能的觉醒,它不仅是赋能,更是唤醒个体的内在潜能。这里所说的赋能显然更接近激发能量的意思,就是创造一个能够充分释放员工潜能的组织环境。其所推崇的管理方法,即"聚集一群聪明的创意精英,营造合适的氛围和支持环境,充分发挥他们的创造力,并迅速看到客户的需求,愉快地创造相应的产品和服务"。

二、为什么要赋能

为什么要赋能?赋能代表了未来管理的趋势,主要有以下三个原因:

1. 在 VUCA 时代，组织需要提高敏锐度

任何一个组织要实现长期发展，不仅要做正确的事，还要把事情做对。做正确的事就是方向，将事情做对就是效率。传统管理善于使日常工作更有效率，但不善于根据环境的变化调整方向。传统组织管理的主要特点是层级制、职能分工和集中控制。作为此类组织管理系统的一部分，需要追求的是精确性和效率。在环境变化可预见的相对稳定的环境中，决策由少数管理者作出，大多数人通过命令控制和管理激励来执行，这种组织管理模式是可以正常运作的。

然而近年来，传统组织管理模式的问题暴露无遗。在 VUCA 时代，做正确的事比正确地做事更重要。方向错了，再高的效率有什么用？正确行为的本质是对环境的敏锐感知和快速反应，这却是传统组织管理的弱点。在传统的组织管理模式中，大部分一线员工和基层管理者都是执行者，少数高层管理者是决策者。面对客户和竞争对手，一线员工对环境有直接感知但没有决策权，高层管理人员忙于管理，而无法全面感知外部环境变化。在一线报告过程中，由于各种原因，信息经常被打折扣，基于这些信息的决策自然会有错误。传统组织管理的另一个问题是职能分离，将任务分成不同的部分，由不同的部门来承担，以提高运作效率。但这种做法的问题是，造成了流程断点，各部门都在努力优化自己的工作，而忽视了为客户创造价值的总体目标。

2. 重新定义人与组织的关系

如今，信息交流快捷方便，社会分工更加明显，为个人发展提供了更多的机会。此外，人才的个体作用越来越重要，尤其是特定行业的创新型人才，已成为各企业追逐的目标。某名人就是一个很典型的例子。当他离开企业的消息传出后，企业市值大幅下滑。个人和组织之间的关系需要重新定义。《联盟》一书的作者充分意识到这一趋势，重新定义组织与个人的关系,即"从自上而下的雇佣关系转变为平等互利的联盟"。在这种趋势下,一些传统的管理概念正在受到挑战。人是人力资源吗?是组织实现目标的要素吗?人是否应该成为物化的工具,以满足组织分工的要求?康德"人是目的"的思想,在组织管理中得到越来越广泛的认同。人不是实现组织目标的资源和工具,人本身就是目的。人的充分发展和自我实现,是组织为顾客创造价值的前提。不是先有事后有人,而是先有人后有事。需要思考的是,这是一种趋势还是特例?人工智能时代的到来给了答案。

3. 人工智能有利于人类创造力发展

人工智能正以前所未有的速度发展,已经开始进入社会生活的各个领域。与人工智能相比,人类无法在具有固定重复性的工作环境中与其竞争。可以预见,未来重复性工作将被人工智能所取代。自动驾驶技术将取代司机,工业机器人将取代操作员,人工智能将取代部分会计师和审计师。在这种情况下将保留哪些工作?李开复认为:"在这场人工智能正摧毁工作的灾难中,只有创造性的工作才能逃脱。人类面临的最大考验不是失去工作,而是失去生命的意义。在重复性工作中,人工智能可能会比人类做得更好。但我们并非因为擅长重复性工作而为人,是爱定义了我们的人性,爱是我们与人工智能的区别所在。"目前,组织中的大量职位都是执行性的、无意识的和重复性的任务。如果这些职位都被人工智能取代,剩下的就是有创造力的职位,那么组织管理模式就会被重构。

对于从事创造性工作的人来说,管理和激励是无用的,他们的工作是基于兴趣、热爱和使命,他们在寻找生命的意义。

第四节　让团队成员成为创业者：合伙人制度

一、合伙人制度概述

合伙人机制是企业与伙伴之间合作关系上建立的一种特殊关系。合伙人机制通常指定为两个或多个机构或企业之间的特殊合作模式。合伙人可以选择以技术、财务、服务等方式参与企业的业务，使得企业的资源最大化，从而实现双赢。合伙人机制应充分反映制定合作关系双方的合作利益，应以双方的共识为依据，使双方的经济和技术上的合作能够有秩序进行。

一般情况下，合伙人机制应确定每一步的合作伙伴的角色，制定合作协议等。具体来说，合伙人机制应明确合作协议的内容和当事方的权利义务，以及伙伴持有资格的条件和程序，并明确各种支持、投资和津贴等优惠政策。此外，合伙人机制还应确保各方参与合作的权利和义务，以及业务表现的考核和奖励制度，以确保合作的顺利实施。

合伙人机制，其实就是责权利高度统一的机制。有多大权力，就有多大责任,并享有相对应的利益。

合伙人机制还包括很多方面,例如,合伙人的进入机制、退出机制、决策机制、分配机制等。本文只论述其中的利益分配机制,也就是基本的责权利的匹配。

二、不同时期的责权利主体

今天的公司通常有三种类型的人：投资人、员工和合伙人。投资人只带来资金,员工只出力,合伙人既出资金又出力。"合伙人制"基本上是让人力资本生产要素的持有者发挥主导作用,最终实现"共同投资、共同经营、共享收益、共担风险"的目标。

现在,人力资本越来越重要,特别是在一些轻资产领域,人力资本,即合伙人或合伙人团队开始发挥主导作用,外资起辅助作用,和合伙人决定企业的控制权。这种情况下,剩余收益应该由谁来决定？结果在哪里,心就在哪里；利益在哪里,重点就在哪里。如果由资本决定剩余收益权,由资本承担合伙人决策过程中产生的全部或大部分风险,如大额亏损,是不明智的。合伙人确定剩余收益的方法是充分体现权力和责任对等、风险和回报对等的原则,是比较合理的。

三、"合伙人制"设计的模式

在合伙人和投资者共存的企业中,会有很多利益相关者。可以为每个不同的利益相关者设计不同的治理模型。参考模型是有限合伙制。在有限合伙制度下,有限合伙人负责出资,不参与管理,不承担风险；普通合伙人负责管理投资,尽管他们只出资一部分,但也承担无限责任。

在由合伙人主导或部分主导的公司里,根据公司章程赋予股东的权力来确定股东的责任较合理。如果合伙人有经营权,那么他就要承担商业风险;如果合伙人拥有决策权,那么合伙人就要承担决策风险,这对于合伙人－投资人模式来说更加合理和公平。

合伙人机制,其实就是责权利高度统一的机制。有多大的权力,就有多大的责任,享受相应的利益。济南的韩都衣舍在这方面做得很好,该公司小组制很典型。公司将一线部门划分为280多个小组,每个小组的管理权完全由自己掌握,每个小组的权责高度标准化。

当人力资本主导企业时,人力资本应享有最终收益并承担最终的风险。这意味着当投资获得相对合理、稳定或一定增长的回报时,剩余的收益应在合伙人之间分配,如果出现亏损,合伙人也应承担损失,同时向投资者支付合理的金额。为避免出现合伙人遭受损失而无力承担的情况,可以通过延期支付的方式,将合伙人应得的部分年收入保留在公司,作为风险保险基金。

菏泽真得利连锁超市采用了类似的模式。该公司每年现任店长和几名优秀的副店长可以竞争全国门店店长。谁的目标高,谁就成为店长。如果年底未达到承诺的目标,则需要先补足公司应得的收入(达标后的公司收益),没能竞聘上岗的就自动转岗,效果很好。

这种方式的好处是可以实现权责、风险和回报的高度统一,投资人、合伙人和经理人享有自己的权力,各得其所,同时承担相应的风险。当然,这三个人的身份并不是孤立不变的,而是可以相互转化的。例如,公司可以通过股权认购和资本激励的方式,让经理人成为公司的合伙人。同样,如果合伙人有其他追求而离开公司,那么他也可能是纯粹的投资人。无论身份如何变化,"合伙人制度"始终以责权合一为重点。

没有什么是完美的,"合伙人制"也是如此。合伙人是否利用对业务的控制权损害投资者利益,是否存在关联交易,合伙人是否搭便车等,在设计合伙机制时应充分考虑,同时也要随着时间的推移进行调整,确保伙伴关系机制能够发挥尽可能积极的作用。

从员工到合伙人,心态变了,一切都变了。把员工变成合伙人,来经营一个越来越大的企业,形成大平台和事业合伙人的自由连接。

第十章

供应链优化破局

整体均衡是一种 ROI(投资回报率,return on invest-met)思维,追求的是各方面投入产出比的优化。为了达到均衡,可以允许供应链中的矛盾长期并存。站在产出角度,需要为用户提供更优质的服务;站在投入角度,需要控制成本。

　　供应链不是一个零和游戏,也不是非黑即白的世界,而是一个由供应与需求、投入与产出、服务与成本等多方矛盾并存的生态。

第一节　供应链的基本认知

一、供应链的经典三流

在产品从原产地经供应商采购,由制造商加工为半成品/成品、再由分销商推广,最终通过零售商流转到终端用户的过程中,发生了位置的移动、信息的流动和资金的流动。这便是供应链的经典三流:物流、信息流和资金流。不管是供应商、制造商,还是分销商、零售商,都围绕着物流、信息流、资金流展开工作,以降本增效为目标,在供应链的上下游扮演着重要的角色,缺一不可。供应链的运转源自信息(如用户端的需求),信息流催生了物流和资金流,同时物流和资金流又反向填充了信息流。

1. 物流:流通产生价值

根据物品的流向,可以将供应链中的物流分为两种类型:正向物流和逆向物流。正向物流指原料从原产地被采购,经制造商、分销商、零售商到终端用户的过程,是产品从供应链上游到下游的流通过程。逆向物流则刚好相反,是产品从终端用户向上游流动,一般在回收和售后等业务中发生。在供应链中,产品流动起来,才会产生流通价值。如果产品固定不动，会产生库存积压，导致成本的增加。另外，时间也是成本，流通的效率越高，经手的环节越少，产品的成本就越低，这就是物流价值所在。作为供应链从业者，无论从事产品、技术，还是采购、运营等方面的工作，都应该具备降本增效的意识，尽可能地提升物流的效率，让产品在中间环节停留的时间尽可能缩短。

商品的物流包含仓内流转和配送运输两大环节。仓内流转指商品在仓库内部的流转，配送运输指商品在运输中的流转。仓、配是物流领域中的两大核心体系，衍生出了物流规划、物流软件集成、三方仓储、三方物流配送、干线运输等多个以物流服务为中心的分支商业模式。下图是从原料向终端用户流转的物流全过程，详细介绍了一个产品是如何从原料产地开始，经过原料供应商的进销存，转到制造商处进行加工制造，再将成品发给分销商/零售商（因为物流处理方式相同，图中将分销商和零售商合并），最终由零售商将产品送到终端用户的手中的完整过程。无论在供应链的哪一环节，都可能涉及产品的进销存管理。

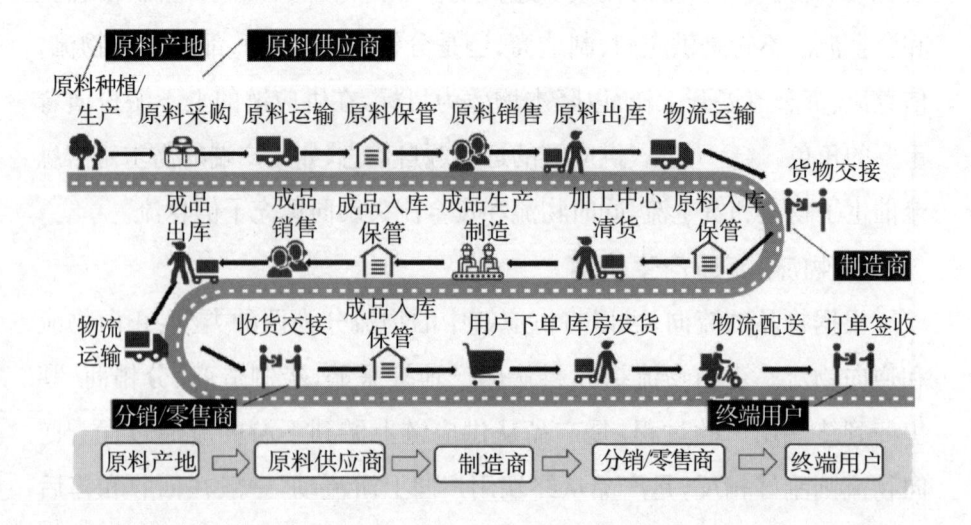

2. 资金流：成本创造效益

资金流是供应链和企业得以良性运作的关键因素。产品在流通的过程中会产生各种成本，资金流就是成本的体现。想提升产品毛利润，要么提升销售价格，要么降低成本，当然最好的方式就是降低成本，因为销售价格的提升会影响下游客户采购成本，从而带来需求波动，反向影响产品的销售。

产品的正向物流是从原料到终端用户的流通过程。而产品的资金流则是反向的：由终端用户到分销商，到生产制造商，再到原料供应商，最后到原料产地，而且由于物流流通过程中的成本递增，所以资金是逐级递减的（如图）。例如，用户购买某商品支付了10元，最终落到原料产地的农民手里可能只有1元。请问，9元去哪儿了？被分销商、制造商、原料供应商各拿了一部分利润，其余被用于支付包装耗材费用、人力成本费用、物流运输费用、仓库保管费用及生产过程的损耗等。如果这些中间成本降低了，那么各环节的利润就会提升，由此可见，在供应链业务活动中，有效地控制资金支出，合理地控制成本，对整个供应链的正面影响是巨大的。

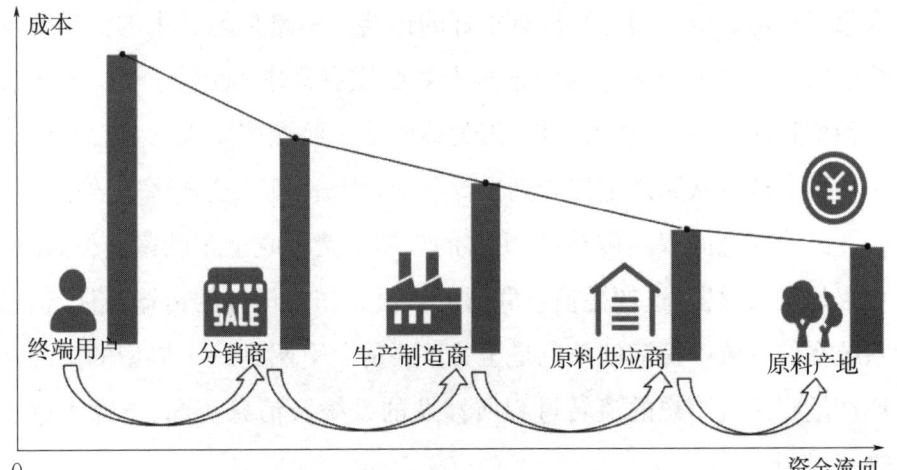

在业务层面,一般先进行采购,由分销商/制造商/供应商先根据自身需求把采购计划上报给上游供应商,上游供应商会根据采购计划安排生产并送货,待货物到达仓库以后进行收货入库,入库完成以后,产生了可销售库存,营销部门便可以通过各种渠道将产品售出,售出的产品以订单的方式流转到仓库,仓库进行出库拣货、打包、发货,然后交由配送公司(或自营配送物流)将产品送到客户手中,完成交接。

3. 信息流:连接发生质变

供应链流转源于信息,也止于信息。信息流是整个供应链运转的纽带。如果说物流是从原料产地到终端用户的正向流转过程,资金流是从终端用户向原料产地反向流转的过程,那么信息流则是物流和资金流的集成,是一个双向传导的过程,它将需求信息从终端用户传导到供应链上游,逐级传导到原料产地,同时将供应信息由原料产地传导到终端用户。信息的本质是连接,只有足够的连接,才能产生足够的价值,下面举个例子来说明。

江西盛产赣南脐橙,年产量达百万吨,原产地江西省赣州市已经成为全国脐橙主产区。可以思考一个问题:作为脐橙的原产地,果农为什么愿意种植脐橙?因为脐橙有很好的销路。销路是怎么来的?销路从终端用户的需求而来。因为很多人对脐橙有需求,而刚好赣南地区适合种植脐橙。同时,作为产地,因为赣南地区脐橙产量大、味道甜,作为一种供应信息从原产地传导到世界各地,使赣南脐橙享誉海内外。

因为信息的双向传导,让更多的终端消费者吃上了赣南脐橙,也使更多的果农致富,这便是信息联通的价值。作为信息的传输载体,信息系统在信息流中扮演的角色是至关重要的。下图是一个典型的产品从原产地到终端用户的流转过程所涉及的系统及信息流向,下面来逐一进行说明。

第十章　供应链优化破局　179

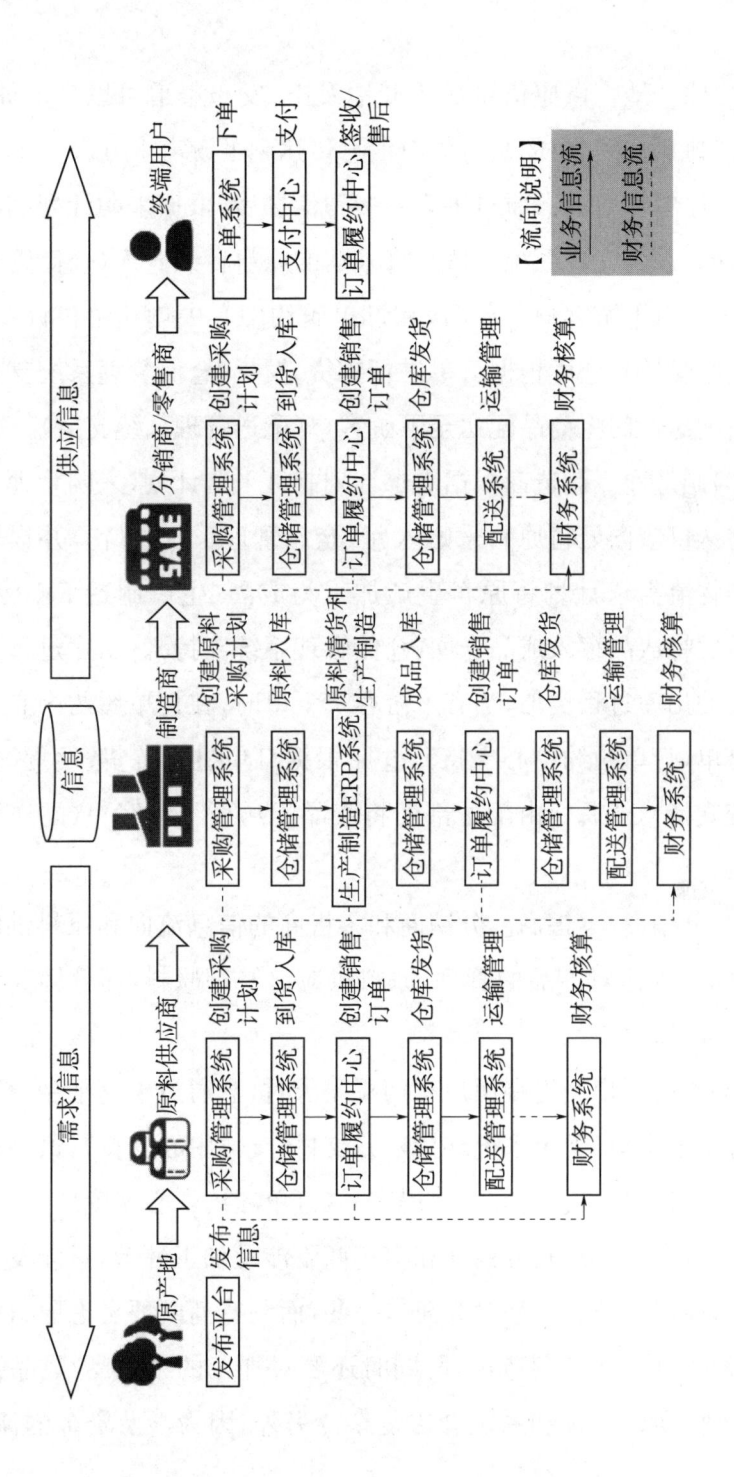

(1)原产地。供应信息从原产地发出,发布渠道可以是电商平台、广告、口口相传等,目的是将供应信息传达到下游需求方。

(2)原料供应商。原料供应商接到信息后,根据采购计划到原产地进行采购(采购管理系统支持),将采购的原料存入仓库(仓储管理系统支持)。当有下游客户下单时,在订单履约中心中创建销售订单(订单履约中心支持),仓库根据订单进行拣货、发货(仓储管理系统支持),然后交由配送部门将商品配送至下游客户(配送管理系统支持)。

(3)制造商。制造商根据需求计划制订采购计划(采购管理系统支持),并从供应商处将原料采购入库(仓储管理系统支持),并根据生产计划和物流需求计划将原料生产加工为成品(生产制造 ERP 系统支持),然后将成品存入成品仓库(仓储管理系统支持)。出库过程和原料供应商的出库过程类似,当有下游客户下单时,在订单履约中心中创建销售订单(订单履约中心支持),仓库根据订单进行拣货、发货(仓储管理系统支持),然后交由配送部门将产品配送至下游客户(配送管理系统支持)。

(4)分销商/零售商。分销商和零售商的信息流向和原料供应商相同,不同之处是对产品的管理:原料供应链管理原料,而分销商和零售商管理成品。

(5)终端用户。终端用户有购买需求时,会通过电商平台、超市、便利店等渠道下单(下单系统支持),并支付(支付中心支持),最终通过快递送货或者客户自提的方式获得产品(订单履约中心支持)。

一般原料供应商、分销商和零售商不涉及加工环节,只涉及货物的进销存,所以系统流转相对会简单一些,而制造商既要考虑原料的出入库管理,也涉及加工制造过程,同时还要对加工的半成品/成品进行出入库管理,所以流程和系统会更复杂。另外,因为涉及资金的流向,各个企业会在出入库环节中产生财务结算(财务系统支持)。

总体来讲,供应链的信息流都是围绕着货物从采购(采购管理系统)→入库(仓储管理系统)→销售(订单履约中心)→出库(仓储管理系统)→运输(配送管理系统)等业务活动进行流转;再搭配各个环节中涉及财务结算的地方,将数据提取至财务系统中进行核算并产生应收账款和应付账款的过程。如果经济实力允许,尽量将系统设计得耦合性低一些,这样便于维护。如果预算不允许,那么购买一套标准的 ERP 系统,甚至一些环节可以通过人工操作,最终目标是保证信息流的完整和通畅。

二、供应链、物流与采购

供应链管理、物流管理和采购管理到底是什么关系?相信很多人都会有以上的疑问,说起供应链、物流和采购,有很多重合的地方,但它们不是完全对等的,否则很多公司也不用设置单独的部门了。供应链管理、采购管理和物流管理之间的关系相对复杂。供应链管理是一个比较抽象的概念,并不是指某些具体的事务,而是整个公司各部门及上下游企业协作以达到整体利益最大化的一种管理方式,工作也是分散在各相关部门中的,这也可以解释为什么很多公司里并没有单独设立供应链部门,即便有的公司中有供应链部门,但也是做与采购、物流、计划相关的工作。而物流管理和采购管理偏执行层面,相关人员负责的工作更具体。

站在供应链全域来看,三者的关系如下图所示。

供应链:突出"链"的概念,偏向于管理公司内部和公司外部整条供应链,偏重于全链路的库存周转、服务水平和成本的核算等。

物流:突出物品的"流"动,侧重于仓储、配送、运输等环节的效率提

```
        供应链
         │
    ┌────┴────┐
   物流 ⇔ 采购
```

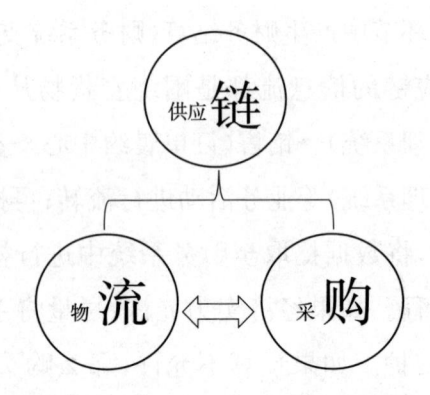

升和成本控制。

采购：突出物品的"购"，相关人员重点负责采购、供应商管理、价格的管控、采购计划的制订和补货等。

该图展示了供应链、物流与采购的关系。物流和采购都是供应链管理中很重要的环节，共同保证供应链的顺畅，但各自的侧重点是不同的，所以相关人员在做业务和系统规划时，需要区分对待。

第二节 供应链管理的目标

一、供应链管理的目标

在商品的流通过程中，流动会产生运输成本，而停滞会产生库存滞压成本。控制好成本，是供应链管理的目标之一。据统计，供应链成本占据了整个销售成本的50%～80%，在信息如此透明的现在，市场竞争激烈，产品毛利被大大压缩，所以降本比增收更能实现盈利，每降本1元，利润就实实在在地增加1元，但增收1元，去除80%的成本以后，利润只剩下两角了。如果把这些中间成本节省下来让利一部分给用户，再对服务做一些提升，产品的竞争优势会大幅提升，这笔账算下来，是不是相当划算？

除了降本，增效是供应链管理的第二大目标。效率的提升可以带来更好的客户服务体验，同时可以有效减少库存的积压成本。举个例子，如果某商品的采购周期是5天，则仓库最低需要准备5天的安全库存，以应对采购过程中的订单需求。如果采购周期能缩短为2天，仓库就只需要准备2天的安全库存就够了，在节省下来3天安全库存的同时减少了库存资金、物流运输成本、仓储使用面积和仓储运作成本。

可以将供应链的成本和效率归纳为七大成本与七大效率（见下图），在降本增效的路上"对症下药"。

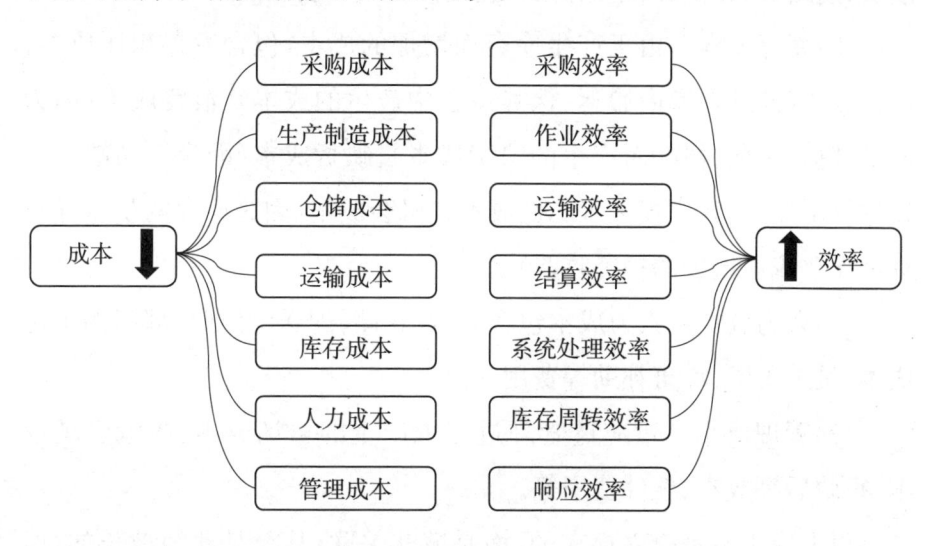

成本↓：采购成本、生产制造成本、仓储成本、运输成本、库存成本、人力成本、管理成本

↑效率：采购效率、作业效率、运输效率、结算效率、系统处理效率、库存周转效率、响应效率

二、影响降本增效的因素

1. 供应链成本

供应链成本主要包含采购成本、生产制造成本、仓储成本、运输成本、库存成本、人力成本、管理成本。

(1) 采购成本。采购过程中产生的成本,包含订货成本、供应商管理成本、谈判成本、采购物流费用等。

(2) 生产制造成本。产品生产制造过程中产生的各项费用,包含工艺设计成本、制造成本、设备成本、耗材成本、折旧费用、维修费用、损耗费用等。

(3) 仓储成本。货物在仓库里进行收发、存储过程中产生的与仓储相关的费用,包含仓储设施的租金、库内作业成本、设施成本、耗材成本、折旧费用、维修费用、损耗费用等。

(4) 运输成本。产品在运输配送过程中产生的费用,包含租车费、油费、过路费、养护费、车辆折旧费、维修费、损耗费等。

(5) 库存成本。由于产生库存而增加的成本,包含库存积压成本、运营成本(商品在库内搬运、保养过程中产生的成本)、浪费成本(因为产品破损、过期、损耗而产生的浪费成本)、缺货成本(因为产品缺货导致的订单损失、客户损失等隐性成本)、机会成本(因为库存的积压导致资金无法流通损失的投资收益)。

(6) 人力成本。人力成本包含采购、仓储、配送、计划等部门的招聘成本、员工工资、加班补助等费用支出。

(7) 管理成本。供应链管理过程中产生的培训成本、质量管理成本、行政后勤成本、软件费用等。

以上成本不是孤立存在的,而是彼此关联,甚至是此消彼长的,所以在考虑降本方案的时候,需要站在全局的角度进行思考,不能管中窥豹。例如,采购成本降低了,可能会增加管理成本,因为降低了采购成本,就意味着供应商的利润降低了,而供应商为了保证自己的利益,可能会从产品品质、送货方式、送货频率等方面做文章,如此一来,企业就需要在质量把控方面投入更多的成本。又如,库存成本降低了,仓库的存货就会减少,带来的是仓储成本、人力成本和管理成本的整体下降,然而一旦产生缺货,会增加采购成本和运输成本,因为仓库没有足够的库存了,只能增加采购频次,采购频次增加了,运输成本也会随之上升。

2. 供应链效率

供应链效率主要包括采购效率、作业效率、运输效率、系统处理效率、库存周转效率、响应效率等。供应链从源头的计划开始,到最末端的终端客户,任何一个环节效率的提升都有助于提升整条供应链的效率。

(1)采购效率。从发起采购到采购到货的时效。采购效率越高,对需求的处理越及时,缺货风险就会越低。

(2)作业效率。商品在物流流通过程中的搬运、装车、上下架、拣货、库内移动的时效。作业效率越高,物流效率自然就会越高,需求的响应速度和服务质量就会越高。

(3)运输效率。商品从发出到签收,路途中运输的时效。运输时效主要取决于运输方式(空运、陆运、海运等)、运输路线等因素。

(4)结算效率。财务对账、应收账款和应付账款的核算等操作的时效。结算效率的提升,有利于提升企业的资金周转率。

(5)系统处理效率。信息系统对业务数据的处理时效。系统处理速度可以衡量企业供应链信息化的程度,系统处理越及时,越能有效避免各系统间信息不一致等问题的发生,从而提升服务客户水平。

(6)库存周转效率。在某一时间段内库存货物周转的次数。周转次数越多,资金回笼越快,库存的积压成本越低。

(7)响应效率。对客户需求、问题、售后的响应和处理时效。响应效率越高,代表供应链的柔性越好,灵活性越高,服务水平越高。效率和成本一样,也不是孤立存在的,增效的时候同样要考虑全局因素,保证整体效率最优。

降本增效是一个长期坚持的过程,需要从组织的重视、流程的完善和系统的支持等多个方面来展开。当然,在降本增效过程中,还是要放眼全局,达到整体最优,而不是自己降本增效了,他人却增本降效了。例如,仓储部门负责人为达到降本的目的,计划取消打包耗材,这样做的结果是,配送过程中的包裹破损率增加了,站在企业层面来看,得不偿失。在做供应链系统设计时,可以将降本增效当作处理需求和做系统设计的一个基本方针,如果符合此方针,那么需求是可以承接的,否则就要仔细评估一下需求的价值了。

第三节　供应链优化的核心思想

一、精简供应链

在设计领域中,有一个准则叫"less is more(少即是多)",在供应链领域里一样适用,通过不断地优化供应网络、整合资源、简化流程节点,以达到最大收益的效果,这便是精简。通过精简供应链可以将核心业务进行整合,集中力量形成规模效应,以获取更大的议价空间、更大的生产量、更少的浪费,从而实现降本增效的目标。可以从以下几个方面对供应链进行精简。

1. 精简供应商

减少供应商的数量,提高供应商的质量,与供应商进行战略合作、信息共享,减少采购过程中的浪费,以获取更低的采购成本和更高的采购效率。最经典的是戴尔与供应商合作,实现JIT(准时制生产方式)的案例。戴尔并不直接采购电脑的零部件,而是让少数的供应商在戴尔工厂附近建立物流园区和分销仓库,双方信息互通,供应商根据戴尔的订单将零部件准时送达工厂进行组装。这样的策略使得戴尔能够在24小时内完成从客户下单到电脑组装、运输交付的全过程,同时让戴尔的库存周转高达90多次/年,是同行的两倍以上。

2. 精简物流

通过对物流路线进行优化,对合作的物流服务提供商进行整合,与更优质的物流服务提供商合作,通过输送更多的订单来提升物流的满载率,从而降低物流成本。

3. 精简流程

对流程进行优化,减少不必要的停留和多余的操作,达到提高效率的目的。效率提高了,人力成本随之下降,因为每个人在单位时间内可以做更多的工作。例如,应营销部门的要求,某产品在验收以后需要拍照,之前的流程是先入库,再从库内将相应的产品找出来拍照,再还给仓库,其实第一次入库操作是多余的。仓库主管方发现这个问题以后,对流程和系统进行了优化,之后,产品验收以后直接进行拍照,再送到仓库上架。如此一来,省去了一次入库作业和出库作业,作业效率提升 50%。

4. 精简网络

对供应网络进行精简,主要包括以下几个方面:第一,通过去除供应链的中间环节,让供应链流通的节点更少,例如,小米借助互联网的力量直接触达终端用户,让终端用户参与到产品的设计中,将中间环节砍掉,将省下的成本让利于用户,形成价格优势,成功提升了自身竞争力并获得巨大成功;第二,优化物流网络,对仓储和配送网络进行精简,集中人力、物力、财力进行管控,减少分散管理造成的浪费。

5. 精简设计

通过对工艺进行标准化设计,合并多个不同规格的产品,以减少 SKU(最小存货单位,stock keeping unit)的数量。SKU 数量的减少,可以释放大量的存储空间,大幅提升仓储效率。因为原本每个规格的 SKU 需要占用不同的货位,以免拿错,合并以后,库存可以放到一起,批量出库。以前拣货员需要从不同货位拣选的商品,现在只需要到一个货位拣选即可,既不用担心拣错,也提升了作业效率。

6. 精简耗材

在物流环节,耗材费是一笔很大的开支,包括包装箱、防震气垫、透明胶等。通过精简包装规格、统一型号和材质、批量采购,可有效减少耗材成本。

二、简精供应链的原则

简精供应链需要遵循两个基本原则:一是全局最优,二是整体均衡。

1. 全局最优

企业追求的是整体成本和效率的最优,而不是单个节点的成本和效率的最优。如果单个节点的成本降了、效率升了，但是牺牲了其他节点的成本和效率，这种做法是不可取的。这也是传统供应链管理与现代供应链管理的区别。在传统供应链管理模式下，企业往往以自我为中心，靠打压上游供应商以降低采购成本，对待下游客户则减少工料以换取更高的利润。从短期来看，企业确实盈利了，但随之而来的是供应商供应的产品质量下降、下游客户流失等一系列问题。因为供应商的价格被打压了，只能以质量的降低来换取利润，而下游客户也因为产品质量的降低、服务质量的降低而严重流失，如此便形成了企业不停地与供应商争斗和寻找新客户的恶性循环，最终带来的结果是短期采购成本的下降，但长期整条供应链的成本提高了数倍。

在供应链管理中，无论企业上下游，还是企业内的各部门之间，考虑的是多方共赢，而不是损人利己；通过大家的协同，对整条供应链进行精简、优化，达到整体的成本和效率最优。例如，某连锁超市将POS销售数据通过EDI（电子数据交换，electronic data interchange）系统传给上游供应商，通过双方数据共享，让供应商及时补货，既降低了供应商的需求预测偏差，也降低了该超市的库存成本。

2. 整体均衡

整体均衡是一种ROI思维，追求的是各方面投入产出比的优化。为了达到均衡，可以允许供应链中的矛盾长期并存。站在产出角度，需要为用户提供更优质的服务；站在投入角度，需要控制成本。例如，库存备货，一般以96%～97%的服务水平为目标，即库存对客户需求的满足率达到96%～97%，而不是100%，因为商品的长尾需求存在，想把服务水平从97%提升到100%，投入的库存成本可能是呈指数级增加的，而收益的增长不明显，所以允许少量非畅销商品的缺货以降低库存率，是非常合理的。

规模效应和柔性的均衡。一边是供应商对规模的要求,规模效应要求供应链品种尽量少、订单量尽量大、生产周期尽量长;另一边是需求方对柔性的要求,柔性供应链要求产品种类尽量丰富、订单批次尽量小、响应效率尽量高,以应对不同客户的需求。这就需要相关人员在供应链设计时除了追求规模效应,还得考虑对柔性需求的应对,在二者之间找到一个平衡点。供应链不是一个零和游戏,也不是非黑即白的世界,而是一个供应与需求、投入与产出、服务与成本等多方矛盾并存的生态。

第四节　供应链核心竞争力

核心竞争力的提法源自普拉哈拉德和哈默尔于 1990 年在《哈佛商业评论》上发表的《公司核心竞争力》一文,目前关于企业核心竞争力的理念已经被企业界和学术界广为接受,核心竞争力也被认为是决定企业生存发展的关键因素。根据普拉哈拉德和哈默尔的解释,核心竞争力是企业基于学习的一种系统整合能力,这种能力首先是基于客户长期价值的,并且是独树一帜且难以被竞争对手所模仿和替代的。当然,作为企业能力核心,核心竞争力应具有延展到更广泛市场领域的能力,能为企业的长期发展和竞争提供核心的支撑。根据核心能力的客户价值导向、难以模仿性和市场延展性三个特征，供应链管理对企业核心能力的提升，主要体现在以下三个方面：

一、具有快速识别并满足客户需求的能力

供应链存在的前提在于这个链条通过提供满足最终客户的产品，从而获得客户所支付的价格。供应链管理出现之前对客户需求的识别和满足，是由下游企业层层将其对客户需求的判断通过采购行为间接传递给上一级企业的，这种方式存在着串行时间长、效率低、信息传递失真等缺陷。基于合作共赢的供应链管理，依靠先进的信息技术，不但能通过信息的并发将客户信息的分发从间接改为直接、从串行改为并行，还可通过更为紧密的企业间合作，共同分析客户行为和需求、共同开发产品、共同开展市场营销和产品推广。

二、对关键资源供应商的控制能力

供应链上的供应商作为企业管理的外部资源，具有的稀缺性特征。与供应链上的企业，特别是那些拥有行业内独特资源的企业，建立的合作关系越紧密，意味着其他企业获得该资源的难度越大或成本的上升。对关键资源控制，不但意味着对企业生产运作的保证，还意味着对竞争对手的限制。

三、对市场竞争的快速反应

有效的供应链管理是核心企业对供应链各节点企业的一种整合，在核心企业和上下游企业之间建立合作伙伴关系，取得竞争优势。这种整合是对链上企业的管理、技术和运作方式的重构，以便在组织内部和外部创造、转移和组合，并快速有效地体现在产品当中，从而有利于

企业有效地利用其资产扩大经营范围，提高市场竞争力，这种能力具有很大的不可模仿和替代特性。当前市场竞争越来越多地体现为供应链之间的竞争，因此通过供应链管理建立起来的能力，可以有效帮助企业获得长期的竞争优势。

供应链管理对企业战略作用都体现在支撑企业整体和长期的发展与竞争中。其中，资源保障是供应链管理战略作用的基础，是供应链管理对企业价值创造和核心竞争力提升的前提。价值创造是供应链管理战略作用的价值体现和衡量标准，企业战略最终需要体现为企业整体价值和长期价值提升，判断供应保障的有效性的标准。供应链管理是否提升了企业的核心竞争力，也需要用根据长期的企业价值变化来判断。核心竞争力提升是供应链管理战略作用的关键，今天的企业市场竞争越来越激烈，生存还是被市场淘汰的关键就在于能否在竞争中始终居于前列，企业的生存能力归根到底是从竞争中胜出的能力。供应链管理的三大战略作用如下图所示。

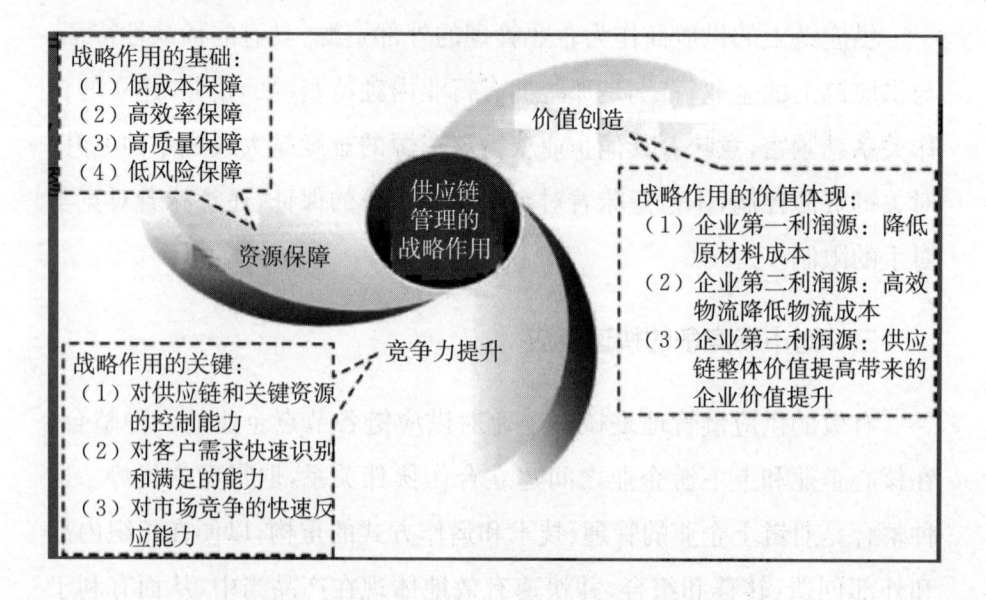

战略作用的基础：
（1）低成本保障
（2）高效率保障
（3）高质量保障
（4）低风险保障

价值创造

战略作用的价值体现：
（1）企业第一利润源：降低原材料成本
（2）企业第二利润源：高效物流降低物流成本
（3）企业第三利润源：供应链整体价值提高带来的企业价值提升

资源保障

供应链管理的战略作用

竞争力提升

战略作用的关键：
（1）对供应链和关键资源的控制能力
（2）对客户需求快速识别和满足的能力
（3）对市场竞争的快速反应能力

第十一章 11

财务优化破局

风险管理是一项复杂而持续的工作,需要不断进行风险识别、评估、处理和控制。在这个过程中,要充分认识到,每一个决策都可能带来新的风险,但同时也可能产生新的机遇。因此,勇于面对风险,合理规避风险,才是真正达到风险管理的目的。

第一节　优化粗放型财务管理

一、财务控制的意义

财务控制是公司财务体系中的重要环节，是公司财务的重要职能之一，对于实现资金、成本、利润目标具有重要意义。公司财务控制的内容取决于公司财务对象及企业公司财务的范畴，虽然在不同的制度下，体现不同的财务控制特点，但其基本部分是一致的，即资金、成本、利润及与之相关的财务活动。

1. 财务控制的原则

财务控制的原则是指财务控制遵循的基本要求，具体如下：

（1）控制目标的合理性。合理的控制目标表现为目标的可能性和可实现性。控制目标的可能性是指目标建立在财务系统发展变化的可能性之间；可实现性是指经过有效的控制，目标是可以实现的。

（2）控制信息的准确性、及时性。财务控制对信息有如下要求：准确性，要求输入信息真实可靠，加工整理信息科学合理，传递信息误差最小；及时性，以最少的时间，最快的速度捕捉、记载、收集、加工、传递信息。

(3)控制环境的适应性。财务控制必须以党和国家的方针、政策为依据;必须与企业生产经营的特点相适应,针对生产经营特点制定适当的财务控制方法、程序、标准;财务控制也要跟踪和适应外部市场环境的变化。

(4)控制手段的先进性。财务人员要精通现代管理理论和方法,并在实践中善于运用。

2. 财务控制的基本程序

财务控制的基本程序是财务控制一个过程,它的程序可概括为以下四个阶段:

(1)建立财务控制标准阶段。在深入调查研究和财务预测的基础上,对各项财务指标进行可行性论证,事先确定财务控制标准。标准有很多种,有定性的、定量的,也有总结性的。

(2)标准在实施阶段。财务人员要注意观察、了解财务活动的实际状况,并按流程顺序分口控制,传递信息,疏导指引。

(3)测量结果阶段。把实际状况与目标标准进行比较,分析偏差并确定偏差的原因。

(4)采取校正行为阶段。根据偏差大小和控制能力,制订纠正偏差的计划,或修订目标,或改变控制方式,或提高控制能力,并认真执行纠正计划,然后再与目标进行比较,至此完成了一次财务控制程序。

二、财务控制分类

财务控制可以根据不同的标准进行分类。

1. 按控制的时间分类

财务控制按控制的时间分为事前财务控制、事中财务控制和事后财务控制。事前财务控制是财务收支活动尚未发生之间所进行的控制,如财务收支活动发生之前的申报审批制度,产品设计成本的规划等。事中财务控制是指财务收支活动发生过程中所进行的控制,如按财务预算要求监督预算的执行过程,对各项收入的去向和支出的用途进行监督,对产品生产过程中发生的成本进行约束等。事后财务控制是指按照财务预算的要求对各责任中心的财务收支结果进行评价,并以此实施奖罚标准,在成本形成之后进行综合分析与考核,以确定各责任中心和公司的成本责任。

2. 按控制的主体分类

财务控制按照控制主体分为出资者财务控制、经营者财务控制和财务部门的财务控制。出资者财务控制是为了实现其资本保全和资本增值目标而对经营者的财务收支活动进行控制,如对成本开支范围和标准的规定等。经营者财务控制是为了实现财务预算目标而对公司及各责任中心的财务收支活动所进行的控制,这种控制是通过经营者制定财务决策目标,并促使这些目标被贯彻执行而实现的,如公司的筹资、投资、资产运用、成本支出决策及其执行等。财务部门的财务控制是财务部门为了有效地组织现金流动,通过编制现金预算、执行现金预算,对公司日常财务活动所进行的控制,如对各项货币资金用途的审查等。

通常认为出资者财务控制是一种外部控制,而经营者和财务部门的财务控制是一种内部控制。

3. 按控制的依据分类

财务控制按照控制的依据分为预算控制和制度控制。预算控制是指以财务预算为依据,对预算执行主体的财务收支活动进行监督、调整的一种控制形式。预算表明了执行主体的责任和奋斗目标,规定了预算执行主体的行为。制度控制是指通过制定公司内部规章制度,并以此为依据约束公司和责任中心财务收支活动的一种控制形式。制度控制通常规定只能做什么、不能做什么。

与预算控制相比较,制度控制具有防护性的特征,而预算控制主要具有激励性的特征。

4. 按控制的对象分类

财务控制按照控制的对象分为收支控制和现金控制(或货币资金控制)。收支控制,是对公司和各责任中心的财务收入活动和财务支出活动所进行的控制。控制财务收入活动,旨在达到高收入;控制财务支出活动,旨在降低成本,减少支出,实现利润最大化。现金控制是对公司和责任中心的现金流入和现金流出活动所进行的控制。由于公司财务会计采取权责发生制,导致利润不等于现金净流入,所以,对现金有必要单独控制。另外,日常财务活动主要是组织现金流动的过程,现金控制显得十分重要。

通过现金控制应力求实现现金流入流出的基本平衡,既要防止因现金短缺而可能出现的支付危机,也要防止因现金沉淀而可能出现的成本增加。

5. 按控制的手段分类

财务控制按照控制的手段分定额控制和定率控制,也可称为绝对控制和相对控制。定额控制是指对公司和责任中心的财务指标采用绝对额进行控制。一般而言,对激励性指标确定最低控制标准,对约束性指标确定最高控制标准。定率控制是指对公司和责任中心的财务指标采用相对比率进行控制。

一般而言,定率控制具有投入与产出对比、开源与节流并重的特征。比较而言,定额控制没有弹性,定率控制具有弹性。

三、财务控制的方法

财务控制方法是以财务控制标准为依据,以信息反馈为中心,测定财务活动的状态,校正偏差所运用的手段和措施。财务控制方法主要有制度控制、预算控制、定额控制、目标控制、责任控制等。

1. 制度控制

制度控制是以国家的方针、政策和企业制定的内部管理制度为依据,监督企业财务活动,使之符合制度规定的运行轨道。财务制度从内容上讲,包括资金、成本、收入、利润等方面的制度;从制定者与适用范围看,有国家财务制度、部门财务制度和企业财务制度。企业财务制度控制包括如何贯彻执行国家与部门制度、具体实施办法和根据企业需要制定内部管理制度两个方面。制度一经制定,具有严肃性,应坚持执行。

2. 预算控制

预算控制为计划的制订和实施提供良好的秩序,使各单位遵守和执行计划,预防和纠正计划编制和执行中的偏差,确保计划的正确和全面完成。财务计划按内容分,有资金计划、成本计划、利润计划和财务收支计划等。按时间分,有长期计划、中期计划、短期计划;按形式分,有固定型计划、滚动型计划、弹性型计划、零基型计划。财务计划控制的基本做法,包括制订财务计划、计划指标分解和落实、指标承包、指标检查、指标考核等步骤。

3. 定额控制

定额控制是以定额为依据,测量定额与实际情况的差异,分析产生差异的原因,及时校正偏差,建立健全企业财务定额体系,把定额的实施与责任结合起来,坚持按定额组织生产经营和财务活动,加强对定额执行情况的考核、分析。

4. 目标控制

目标控制，又称随动控制。目标控制原理和方法在财务控制中的运用，一般分为三个步骤：

（1）确立目标及反映目标的各项指标，并把它输入受控系统；

（2）受控系统根据目标和自身控制能力，决定达到目标的具体行动方案；

（3）方案实施中，通过反馈，把结果与目标进行比较，如有偏差，立即调整，使行动方案与目标要求保持一致。

在目标控制中，系统行动的方案，是按系统当前所处的状态决定的。受控系统可以根据干扰的作用，不断改变行动方案，在变化着的环境下发挥最佳功能。目标控制法是对计划控制法的进一步发展和完善，它更突出重点，强调自我控制和责任相结合，普遍用于对各种财务活动的控制。

5. 责任控制

责任控制是通过员工履行岗位责任对财务活动所进行的控制，是实行专业控制与群众控制相结合的控制。责任控制的实质是贯彻岗位责任制。

首先，划分责任单位，企业一般实行分级分口管理。例如，制造业实行厂部、车间和班组三级内部经济核算制，厂部各职能部门实行内部经济核算制；非制造业实行分店、商品部、柜组三级内部经济核算制，分店职能部门实行内部经济核算制。责任部门的划分，坚持各部门划分后具有相对独立性，也便于检查。

其次，明确职责和权限。对划分的内部责任中心，根据内部经济核算制要求，实行责任会计，确定每个单位所承担的责任和应有的权限，以便检查和考核。

第二节　控制采购成本

一、从源头控制采购成本

控制采购成本对一个企业的经营业绩及净利的增加至关重要。一般来说，采购支出占制造业总支出的 60%～80%，因此，控制与削减采购成本是制造业生产成本控制的核心环节。

企业采购成本的两种概念如下：

(1)采购价格成本观：采购成本＝采购价格；

(2)采购支出成本观：采购成本＝企业采购支出－采购价格。

以上两种有关采购成本概念在学术界一直存在争议，先从"采购成本＝企业采购支出－采购价格"说起。在该概念中，采购成本是指与采购原材料部件、采购管理活动相关的物流费用，包括采购订单费用、采购计划制订费用、采购人员管理费用等，但不包括采购价格。该概念主张，找出采购过程中浪费的环节，以便找到削减采购成本的途径。在该概念中，企业采购支出成本通常包括材料维持成本、订购管理成本以及采购不当导致的间接成本。

```
                  企业采购支出成本
         ┌────────────┬────────────┐
     材料维持成本    订购管理成本   采购不当导致
                                    的间接成本
```

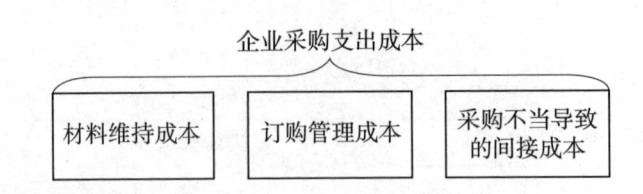

1. 材料维持成本

材料维持成本是指为保持物料供应而产生的成本，可以分为固定成本和变动成本。

(1)固定成本与采购数量无关，如仓库折旧、仓库员工的固定工资等。

(2)变动成本与采购数量有关，如物料资金的应计利息、物料的破损和变质损失、物料的保险费用等。

材料维持成本的具体项目

序号	项目	备注
1	维持费用	存货的品质维持需要资金的投入。投入了资金就使其他需要使用资金的地方丧失了使用这笔资金的机会，如果每年其他使用这笔资金的地方的投资报酬率为20%，即每年存货资金成本为这笔资金的20%
2	搬运支出	存货数量增加，则搬运和装卸的机会也增加，搬运工人与搬运设备同样增加，其搬运支出一样增加
3	仓储成本	仓库的租金及仓库管理、盘点、维护设备（如保安、消防等）的费用
4	折旧及陈腐成本	存货容易发生品质变异、破损、报废、价值下跌、呆滞料的出现等，因而所丧失的费用就加大
5	其他支出	如存货的保险费用、其他管理费用等

2. 订购管理成本

订购管理成本是指企业为了实现一次采购而进行的各种活动的费

用,如办公费、差旅费、通信费、快递费等支出。

订购管理成本的费用

序号	类别	具体费用
1	订购手续费	订购所花的人工费用、事务用品费用、主管及有关部门的审查费用
2	采购成本	估价、询价、比价、议价、采购、通信联络、事务用品等所花的费用
3	进货验收成本	检验人员的验收手续所花费的人工费用、交通费用、检验仪器仪表费用等
4	进库成本	搬运设备的采购、物料搬运过程所花费的成本
5	其他成本	如会计入账、支付款项等所花费的成本

3. 采购不当导致的间接成本

采购不当导致的间接成本是指由于采购中断或者采购过早而造成的损失,包括待料停工损失、延迟发货损失和丧失销售机会损失、商誉损失。如果损失客户,还可能为企业造成间接或长期损失。采购不当导致的间接成本可以分为以下五种:

(1)过早采购及其管理成本。过早采购会导致企业在物料管理费用上的增加,比如用于管理的人工费用、库存费用、搬运费用等。一旦订单取消,过早采购的物料容易形成滞料。

(2)安全存货及其成本。一些企业会考虑保持一定数量的安全存货,即缓冲存货,以防在需求或前期的不确定性。但是困难在于确定何时需要及保持多少安全存货,因为存货太多意味着多余的库存,而安全存货不足则意味着断料、缺货或失销。

(3)延期交货及其成本。延期交货可以有两种形式:缺货可以在下次规则订货中得到补充;利用快速运送延期交货。在前一种形式下,如果客户愿意等到下一个周期交货,那么企业实际没有损失;如果经常缺货,客户可能就会转向其他企业。利用快速运送延期交货,则会产生特殊订单处理和送货费用。而这种费用相对于规则补充的普通处理费用要高。

(4)失销成本。尽管一些客户可以允许延期交货,但仍有一些客户会转向其他企业。在这种情况下,缺货会导致失销。对于企业的直接损失是这种货物的利润损失。除了利润的损失外,还应该包括当初负责这笔业务的销售人员的人力、精力浪费,这就是机会损失。也很难确定在一些情况下的失销总量。例如,一些客户习惯电话订货,在这种情况下,客户只是询问是否有货,而未指出订货数量。如果这种产品没货,那么客户就不会说明需要的量,对方也就不会知道损失的总量。当然,也很难估计一次缺货对未来销售的影响。

(5)失去客户的成本。由于缺货而失去客户,使客户转向另一家企业。若失去了客户,也就失去了一系列收入,这种缺货造成的损失很难估计。除了利润损失外,还有由于缺货造成的信誉损失。信誉在采购成本控制中常被忽略,但它对未来销售及客户经营活动非常重要。

从以上两种成本观中可以看出,成本控制可以从两个方面入手:"优化采购支出"和"采购价格削减"。目前,这两种成本控制观还没有形成一个系统的理论。一些企业已经总结出了一套降低采购成本的方法。

二、集权采购以降低采购成本

为了降低分散采购的选择风险和时间成本,除了一般性材料由分公司采购外,对于某些大型机电设备等由公司总部负责采购,也就是一般意义上的集权采购。

在实际的操作中,总公司为了压缩分公司的采购主动权,防止分公

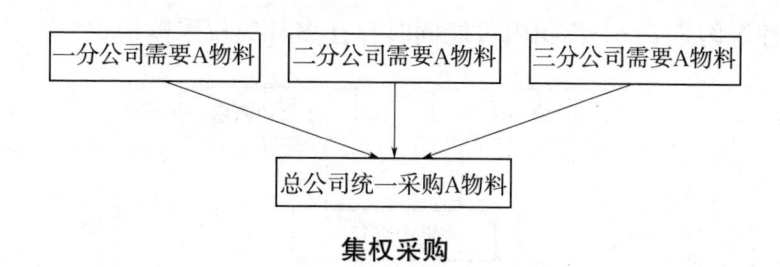

```
┌──────────────┐  ┌──────────────┐  ┌──────────────┐
│一分公司需要A物料│  │二分公司需要A物料│  │三分公司需要A物料│
└──────┬───────┘  └──────┬───────┘  └──────┬───────┘
       │                 ▼                 │
       │        ┌──────────────────┐       │
       └───────▶│总公司统一采购A物料│◀──────┘
                └──────────────────┘
```

集权采购

司与供应商串通,物料统一由总公司集中采购,被称为集权采购。集权采购的优点见下表。

集权采购的优点

层次	优点	内容详述
1	降低采购费用	共同利用搬运工具及仓库等而减少费用
2	采购单价便宜	集中购买,供应商会提供价格优惠,使得物料的价格便宜。同时,采购准备的时间和费用减少,工作效率提高
3	间接费用减少	物料采购所负担的间接费用包括定金、运输费、搬运费、质检费等,采购的数量越多,平摊到每一件物品的采购费用越低
4	大量采购	材料价格可以随着采购批量的不同而变化,根据联合采购企业的不同情况,汇集成大量采购;在不同的企业间,把部分同类零件标准化,转换成大量采购
5	降低采购价格	利用人力成本低或开工率不足的机器来制造产品,以进一步降低采购价
6	降低采购成本	对于采购成本而言,集权采购有利于降低采购价格,减少采购行政支出,防止集团内部为了采购而相互提价

集权采购包括以下几种典型模式:集中定价、分开采购;集中订货、分开收货付款;集中订货、分开收货、集中付款;集权采购后调拨等运作模式。采用哪种采购模式,取决于集团对子公司的股权控制、税收、物

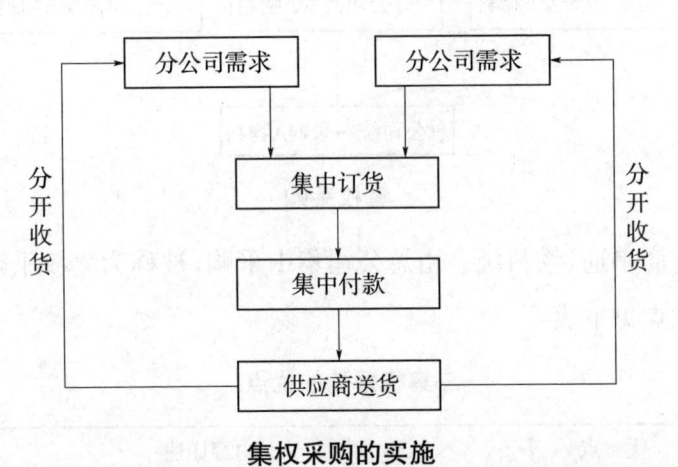

料特性等因素，一个集团内可能同时存在多种集权采购模式。

```
        ┌──────────────────────────────────────┐
        │  ┌──────────┐        ┌──────────┐   │
        │  │ 分公司需求 │        │ 分公司需求 │   │
        │  └────┬─────┘        └─────┬────┘   │
   分       │       └──────┬───────┘          │   分
   开       │         ┌────┴────┐             │   开
   收       │         │ 集中订货 │             │   收
   货       │         └────┬────┘             │   货
        │         ┌────┴────┐             │
        │         │ 集中付款 │             │
        │         └────┬────┘             │
        │        ┌─────┴──────┐           │
        └────────┤ 供应商送货  ├───────────┘
                 └────────────┘
```

集权采购的实施

集中订货、分开收货、集中付款模式，是集团总部或采购公司负责管理供应商及制定采购价格等采购政策，并且负责采购订货工作。分支机构提出采购申请，前者进行汇总、调整，并根据调整结果下达采购订单，发收货通知单给分支机构；分支机构根据收货通知单或采购订单进行收货及入库；前者汇集后者的入库单与外部供应商进行货款结算，并根据各分支机构的入库单与分支机构分别进行内部结算。

集权采购后调拨模式，是集团总部或采购公司负责管理供应商及制定采购价格等采购政策，并且负责采购订货工作。分支机构提出采购申请，前者进行汇总、调整，并根据调整结果下达采购订单，前者完成后续的收货、入库、外部货款结算处理。之后，根据各分支机构的采购申请，前者启动内部调拨流程，填写调拨订单并进行调拨出库，后者根据调拨订单做入库处理，两者最后做内部结算处理。

第三节 控制生产成本

生产成本控制，就是在产品的研发、制造过程中，对成本形成的各种因素，按照事先拟定的标准严格加以执行，发现偏差时及时采取措施加以纠正，从而使生产过程中的各项资源的消耗和费用开支限制在标准规定的范围之内。

一个产品的生命周期包含了产品成长期、成熟期、衰退期三个阶段，这三个阶段的成本控制管理重点是不同的，即设计成本、生产成本、销售服务成本。一些企业在成本控制方面往往只关注生产成本、销售服务成本。如果企业能以研发过程的成本控制作为整个成本控制的起点，将对企业成本控制起到事半功倍的效果。

一、设计决定产品成本

要降低产品成本，应从两方面着手：研发设计、制造加工。

成本是什么？成本等于市场可以接受的产品价格减去所获得利润。研发设计中要对成本进行管理，进行成本分析。从另一种角度来说，企业利润是设计出来的。

如果研发设计不进行成本管理，会出现以下现象：

(1)技术水平比较低，导致过多的逾越度和过分的安全系数设计，使单一零件的成本大于竞争对手的产品成本。以钣金垫的设计为例，钣金垫越厚，非但不代表产品越安全，还会使单一零件成本增加，还可能降低产品安全系数。因此，在设计钣金垫时，要考虑使用比较薄的材料，通过结构的变形吸收能量，这样产品既安全，材料的成本又很低。

(2)设计标准化、模块化程度低，产生的零件数较多，就会增加模具和管理成本。

(3)设计时忽视工艺，不进行标准成本分析，导致产品成本高。

(4)设计人员对工艺不了解，也不进行标准成本分析，不明确需要增加多少材料费、管理费、加工组装费，设计出来的产品的成本就会很高。

影响产品成本的因素包含设计、制造、制材、外包、物流及其他。制造成本最终反映在报价上，如果不包含供应商的制造成本，采购的成本就可能高于内部制造成本。另外，包装费用、加工精度和加工费等也会影响产品成本。

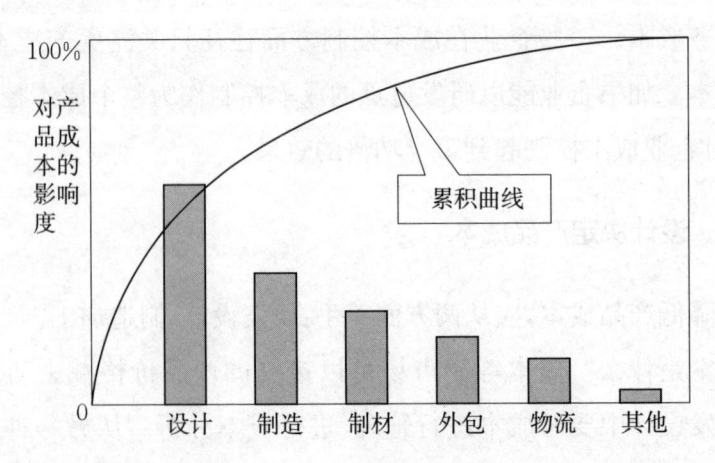

加工精度与加工费用成正比。随着加工精度的提高，加工费用会呈指数增长。当精度提高到一个数量级时，就意味着使用的设备等级越高。原来可以使用一台几万元的设备，假如要提高加工精度，就要使用几百万元的设备。

价格不同的设备，折旧费也不同，加工成本的差别也会非常大。为了节约成本，设计时应尽量考虑容易操作，加工难度大会提高成本。如设计某产品，其底部是一个非常平的孔，产品成本很高，因为要把它设计成平的，要用到特殊的处理方法。如果把它的底部设计成三角形，则只要使用钻头打孔即可，而不需要其他特殊方法处理。

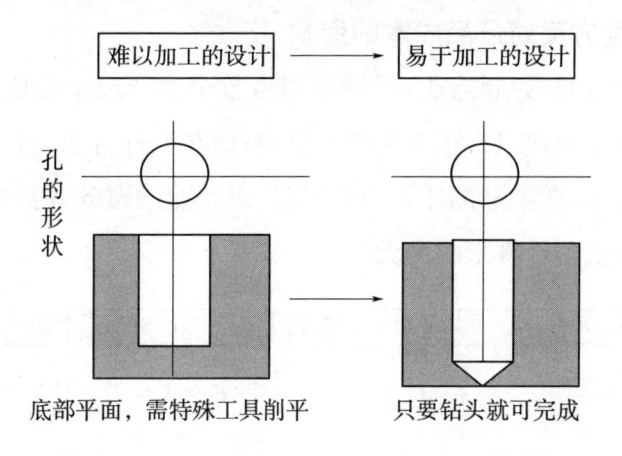

难以加工与易与加工的设计举例

通过以上例子，可以得出三点启示：第一，设计人员熟悉材料和制作工艺，能够在不影响产品质量的前提下使用价格更低的材料，有助于降低成本；第二，设计人员要学会标准成本的核算方法，如使用什么标准材料、标准部件、需用几个工时等，能够有效控制成本；第三，成熟产品可以系统地降低成本，一方面是因为产品批量变大，摊薄了固定费用，另一方面是进行的一些设计变更可以减少材料的损耗。

二、改进研发方案

在产品成本管理方面,将研发成本计入产品成本,来计算获利率及决定价格的做法,对不同行业会有不同的影响。比如机械行业,每一个产品开发的成果可能只用来制造一台或数台机械,研发成本占产品成本的比例比较高,管理所带来的效益也比较大;然而,对电子制造业而言,产品开发的成果可能用来生产数百万台电子产品,分摊之后研发成本的比例可能极小,即使加强管理,可能也看不出效益。因此,企业需要对研发方案进行再次审核,看是否有改进方案,以控制研发成本。

1. 研发方案对产品成本的影响

在传统行业,如制药业,研发费用占整个生产成本的比例较小,计入当期损益对企业只有相应比例的影响;而在软件行业,研发费用是主要的生产成本,如果全部计入当期损益,对企业的财务效益的反映方式和所得税确认与计算影响极大。

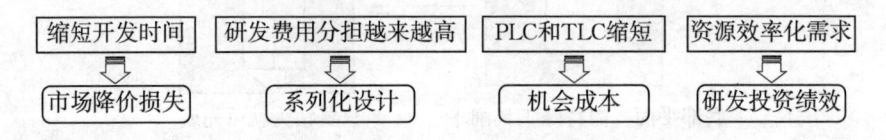

缩短开发时间	研发费用分担越来越高	PLC和TLC缩短	资源效率化需求
⇩	⇩	⇩	⇩
市场降价损失	系列化设计	机会成本	研发投资绩效

改进研发方案对产品的影响

2. 研发方案的改进内容

研发方案的改进内容,见下表。

研发方案的改进内容

序 号	改进内容	具体说明
1	工艺流程	制造产品的先后顺序,运用的原理是遵循事物的发展规律,由里到外,从简单到复杂

续上表

序号	改进内容	具体说明
2	标准工时	对象是熟练工(经过技能培训并锻炼三个月以上的有一定操作技能的员工),时段化,宽裕率10%～15%
3	工序作业指导书	首先要明确每做一道工序所需的环境因素以及所需的工具,然后确定这一工序的动作的先后顺序,运用的规范化、标准化(要做到文字简洁明了,图示表达清楚)
4	工序的改进	运用IE手法,从位置、搬运方法、工序顺序、组装方法进行改进
5	QC工程图	运用产品的工序流程图对每道工序的作业质量状态进行严格控制
6	模具管理	模具台账及配线说明和产品图纸(受控文件),认证专用模具要分开标识
7	确认	负责车间模具申购确认和模具评估确认

三、改进成本的方法

(1)最低成本法。追求最低成本,产品的必要基本机能所耗用的材料费和加工费即最低成本。材料费:完成必要基本机能所涉及的材料使用量及最适材料。加工费:完成必要基本机能所需的加工工时。

改进最低成本的步骤,如下图所示。

(2)竞争分析法。以追求最低成本的观点追求必要的基本机能,虽然是企业进行成本管理的最佳模式,但需要有整体的配合,才得以成功。比较而言,利用竞争分析法来进行成本控制的所谓相对比较法就显得简便。竞争分析法是指将自有产品分解,与竞争产品或目标成本个别比较,应用价值手法的成本控制方法。

(3)相对比较法。材料费标准偏差分析法,即利用材料费标准偏差

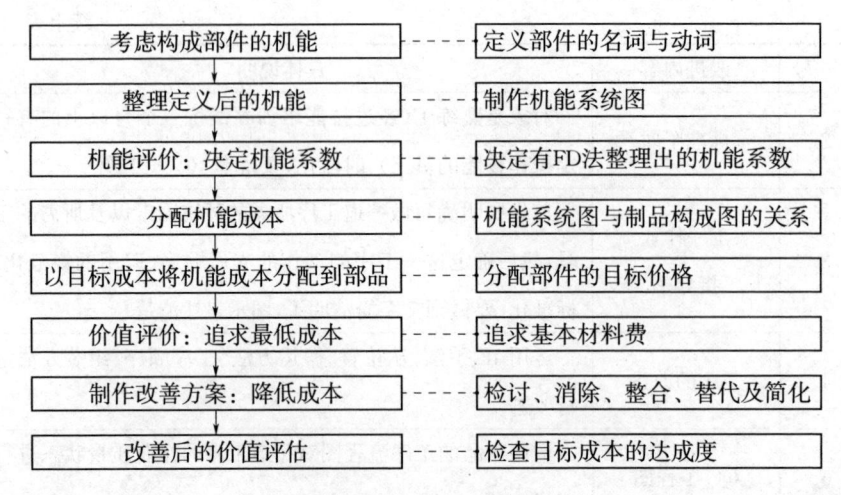

```
┌──────────────────────┐      ┌──────────────────────┐
│  考虑构成部件的机能  │ ---- │  定义部件的名词与动词  │
└──────────┬───────────┘      └──────────────────────┘
           ▼
┌──────────────────────┐      ┌──────────────────────┐
│   整理定义后的机能   │ ---- │     制作机能系统图     │
└──────────┬───────────┘      └──────────────────────┘
           ▼
┌──────────────────────┐      ┌──────────────────────────┐
│ 机能评价：决定机能系数 │ ---- │ 决定有FD法整理出的机能系数 │
└──────────┬───────────┘      └──────────────────────────┘
           ▼
┌──────────────────────┐      ┌────────────────────────────┐
│    分配机能成本      │ ---- │ 机能系统图与制品构成图的关系 │
└──────────┬───────────┘      └────────────────────────────┘
           ▼
┌──────────────────────────────┐  ┌──────────────────┐
│ 以目标成本将机能成本分配到部品 │---│ 分配部件的目标价格 │
└──────────────┬───────────────┘  └──────────────────┘
               ▼
┌──────────────────────┐      ┌──────────────────┐
│ 价值评价：追求最低成本 │ ---- │   追求基本材料费   │
└──────────┬───────────┘      └──────────────────┘
           ▼
┌──────────────────────┐      ┌──────────────────────────┐
│ 制作改善方案：降低成本 │ ---- │ 检讨、消除、整合、替代及简化 │
└──────────┬───────────┘      └──────────────────────────┘
           ▼
┌──────────────────────┐      ┌────────────────────┐
│    改善后的价值评估    │ ---- │ 检查目标成本的达成度 │
└──────────────────────┘      └────────────────────┘
```

改进最低成本的步骤

分析，通过改善过程，可以使成本降低。加工费标准偏差分析法，即利用设备移动偏差的分析，寻求最适合的设备配置。

第四节　控制销售成本

一、好企业的销售成本越少越好

只有把销售成本降到最低，才能够把销售利润升到最高。巴菲特在分析公司是否具有持久竞争优势时，总是从企业的损益表入手，因为损益表可以让投资者了解该企业一段时期内的经营状况。一般企业会在每个季度末或者年末披露这些信息。在研究优质企业时，巴菲特发现，通过分析企业的损益表就能够看出该企业是否能够创造利润，是否具有持久竞争力。企业能否盈利仅是一方面，还应该分析该企业获得利润的方式，是否需要大量研发以保持竞争力，是否需要通过财富杠杆以获取利润。通过从损益表挖掘的信息，可以判断出该企业的经济增长原动力。对于巴菲特来说，利润的来源比利润更有意义。

销售成本可以是一个公司销售产品的进货成本，也可以是制造产品的材料成本和劳动力成本。巴菲特在1985年的信中说："在新闻事业方面，很难增加发行量，虽然广告量略增，但主要来自夹报部分，报纸版面上的广告却减少了。前者的利润远比后者低，且竞争激烈，所幸去年成本控制得当，使得家庭用户订阅数颇好。"

二、对管理经济表现的主要评价标准

对管理经济表现的主要评价标准是对使用的权益资本实现高收益率，而不是实现每股收益的持续增长。如果一个经理的业务费用很高，他会特别倾向于增加费用，而一个业务运行紧凑的经理则是不断发现节省开支、降低成本的途径，甚至当他的费用远低于竞争对手时，也是这样。要想成为一个优秀的企业，先要做的是节约成本，尤其是销售成本。因为每个企业都在销售产品，销售成本在整个企业中所占的比重非常大。所谓销售成本，是指已销售产品的生产成本或已提供劳务的成本以及其他销售的业务成本。销售成本包括主营业务成本和其他业务支出两部分。其中，主营业务成本是企业销售产品、半成品以及提供工业性劳务等业务所形成的成本；其他业务支出是企业销售材料、出租

包装物、出租固定资产等业务所形成的成本。

S公司是铅酸蓄电池行业经营规模最大的企业之一。S公司注册资本是1.3亿元，总资产约13亿元，年营业额近20亿元。随着S公司销售额的迅速增长，一直沿用的销售模式和业务流程使得销售成本一直居高不下，主要体现在该公司设立销售分支机构太多，而且机构设置不合理，浪费了很多资金。此外，该公司规定销售人员可以报销差旅费、话费等销售费用，部分销售人员铺张浪费，一点都不节约。虽然该公司的营业额增长很快，但是净利润增长幅度很低，甚至在行业竞争激烈时还出现过只见销量增长而不见利润增长的局面。造成这样的局面的主要原因是该公司的销售成本过高。

三、衡量销售费用及一般管理费用的标准

在公司的运营中，销售费用和一般管理费用不容轻视。投资者要远离那些总是需要高额销售费用和一般管理费用的公司，努力寻找具有低销售费用和一般管理费用的公司。一般来说，这类费用所占的比例越低，公司的投资回报率就会越高。巴菲特在1983年致股东们的信中说："我们面临的另一个问题，是实际售出的糖果磅数停滞不前，其实也是这个行业普遍遇到的困难，只是过去我们的表现明显胜于同行，现在却一样凄惨。过去四年，平均每家分店卖出的糖果数事实上没有多大变化，尽管分店数有所增加，但销售费用也同样增加。"

一个真正伟大的企业，销售费用和一般管理费用都是非常少的。只有懂得严格控制销售费用和一般管理费用的企业，才能在激烈的市场竞争中出类拔萃。所谓销售费用，是指企业在销售产品、自制半成品和提供劳务等过程中发生的费用，包括由企业负担的包装费、运输费、

广告费、装卸费、保险费、委托代销手续费、展览费、租赁费（不含融资租赁费）和销售服务费、销售部门人员工资、职工福利费、差旅费、办公费、折旧费、修理费、物料消耗、低值易耗品摊销以及其他经费等。所谓一般管理费用包括管理人员薪金、广告费用、差旅费、诉讼费、佣金等。对于销售费用和一般管理费用，有人觉得没有多少，不必太计较。其实不然，像可口可乐这样的大公司，这类费用每年高达数十亿美元，对整个公司的运营影响非常大。可口可乐公司每年的销售费用和一般管理费用占当年毛利润的比例几乎一直保持在59%。

公司的销售费用及一般管理费用越少越好，尤其在利润下滑时期，更需要控制这类费用，否则可能会面临倒闭或破产的危险。巴菲特在寻找投资公司时，会挑选销售费用和一般管理费用比较低的公司。在巴菲特看来，如果一家公司能够将销售费用和一般管理费用的比例控制在30%以下，就是一家值得投资的公司。例如，巴菲特收购的波珊珠宝公司和内布拉斯加家具店都是销售费用和一般管理费用非常低的公司。这样的公司毕竟是少数，一些具有持续竞争力的公司的比例在30%～80%。此外，如果一家公司的这类费用的比例超过80%，投资者几乎就可以不用考虑投资这个企业了。如果某一个行业这类费用的平均比例超过80%，那么投资者几乎可以放弃这一行业了。即使是销售费用及一般管理花费保持较低水平的公司，长期经营前景也可能被其高昂的研发费用、高资本开支和大量债务所破坏。

第五节 控制管理成本

一、管理成本控制现状分析

1. 重视成本管理而忽视管理成本的控制

成本管理是企业生产经营过程中各项成本核算、成本分析、成本决策和成本控制等一系列管理行为的总称。成本管理一般包括成本预测、成本决策、成本计划、成本核算、成本控制、成本分析、成本考核等方面。管理成本是指因公共管理活动而产生的支出,分为固定管理成本和变动管理成本。

目前,关于成本管理的理论和方法有很多,包括作业成本法、产品生命周期理论、全面成本管理等,但是对管理成本的重视不足,缺乏管理成本控制。

产生这个问题的原因主要在于:管理成本可有可无;管理费用支出可作为税前扣除项目,一些企业把增加管理费用作为减税项目。

这虽有利于企业可分配利润的增加,但是会造成管理水平核算不清,造成部分管理人员消极怠工、浪费企业资源,不利于管理绩效的提高。

2. 重视传统的规范分析，忽视实证分析

实证分析是指对某种经济现象、经济行为或经济活动及其发展趋势进行客观分析，得出一些规律性的经验。规范分析是指根据一定的判断知识，如价值，提出一些分析处理问题的标准。实证分析回答"是什么"，规范分析解决"应该是什么"。

目前，对管理成本的研究，理论性很强，对实践的指导性较差，属于规范分析范畴。

3. 管理成本和业绩考核脱钩

企业一成立，就会发生管理成本，具有复杂性和多发性。正因为如此，企业对管理成本的重视不够。管理和其他生产四要素一样，需要支付一定的成本。管理的稀缺性越强，企业支付的成本就越高。在企业投入一定的情况下，由于采取不同的管理方式而导致企业绩效差异，绩效高的企业所花费的相对成本会少，两企业间所花成本的差异就是低绩效企业所支付的管理成本。因管理成本比较抽象，众多企业在财务报表中并没有列出管理成本，而是简单地把它划在管理费用的名目下。管理成本尚未和业绩考核挂钩，不利于企业进行成本控制分析。

4. 尚未形成完整的管理成本控制体系

在实践中，管理成本计量尚未形成一个完整的体系，只限于对某些单个管理成本的研究。管理成本是一个复杂体系，只有对这个体系进行全面、完整的研究，才能加强成本管理，摆脱管理困境。只研究其中某一部分是不能收到明显效果的。

二、管理成本控制的难点

管理成本控制的难点主要集中在两个方面：一方面，项目的难确定性,管理成本是因为发生公共管理活动而产生的支出,虽然可以对哪些内容计入管理成本做分析,但是管理成本的金额较难确定,很多时候管理成本的支出是在其他费用里面的;另一方面,企业为了合理避税,有些企业甚至将不是管理成本的支出也划入"管理费用"项目,导致不能正确获得企业管理成本支出的具体金额。

当然,产生这一问题是有原因的,可从管理的要素进行分析。

1. 环境差异

环境包含企业的外部环境和内部环境。外部环境包括政治环境、经济环境等,物价水平的变动、竞争对手的策略都可能影响企业管理成本。而公司发展战略的变化、新制度的实行、特殊事件的发生等内部环境,同样会影响管理成本的支出。而这些都是很难预测的。

2. 管理主体差异

无论企业规模如何,是否开展业务,发生什么样的业务,都有管理层,即管理者。管理者处于企业生态系统中的中上层,是执行决策、管理业务必不可少的一环。管理者在不同的环境下会发生不同的管理行为,即使在同样的环境下,面临同样的业务,因其不同的历史背景、知识水平、经验能力等影响,会产生迥异的行为,这使得管理成本核算的对象各不相同。同样是管理成本,不同企业会是不同的业务支出及核算范围。

3. 管理目标差异和管理方法差异

管理方法是为了完成目标而采取的方法,不同的人有不同的习惯,会采用不同的做事方式,如某企业五年战略是利润翻两番,那么一种方法是增加销售人员,另一种方法是减少多余的管理职能部门,两种情况下确认管理成本的项目和金额可能不同,从而增加了管理成本控制的难度。不同的管理目标,更是会导致不同的管理行为,造成管理方法的迥异，从而增加管理成本控制的难度。

三、管理成本控制体系总体框架构建

1. 管理成本控制体系的构建思路

分析管理成本控制体系的构建，目的是在一定范围内，减少不必要的管理成本的支出，提高管理效率。管理成本控制体系的原理是标杆制及反馈制。标杆制是指对各项管理业务的流程及支出制定详细的标准；反馈制是指对管理业务流程的执行情况进行实时反馈，并及时修改管理目标和管理措施。各个业务部门因业务不同，所以流程标准及具体支出会有很大不同。这里将按照行政职能部门、研发部门、销售部门分别设置管理成本标准，在考虑管理目标、具体业务特点的基础上，合理设置标杆。反馈制基于管理行为中涉及的所有人对已执行和未执行的管理任务的反馈，所以在管理行为过程中，会设计管理者、管理者上级和管理者下级对管理行为和管理成本的评价，对超出指标标准的成本支出进行分析，找出超标原因。当然，管理者也要对未达标的成本指标进行重点监督，因为有时成本费用过低对企业未必是件好事。在分析完之后，分析结果会对下次管理行为起指导作用。当然，如果指标定得不恰当，还可以对指标修正。

2. 管理成本的控制要点

管理行为发生的主体是人，因此，管理成本的控制很大程度上是对人的控制。在领导学行为理论中，根据领导者的行为将其划分为专权型领导、民主型领导和自由放任型领导。可见管理者的行为对管理活动的发生及其成本核算何等重要。管理者的家庭背景、成长环境、知识水平、经验能力等都直接影响着管理。为了更好地控制管理成本，要对管理者的行为进行控制。管理者是企业的一员，其管理活动是由企业

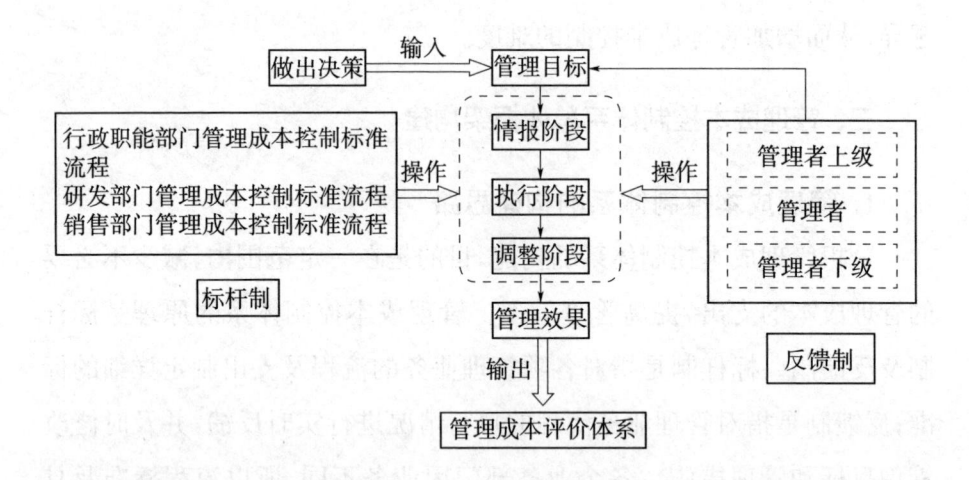

```
                    输入
    做出决策 ──────→ 管理目标 ←──────────────┐
                      ┌─────────┐           │
  ┌──────────────────┐│ 情报阶段 │  ┌──────────────┐
  │行政职能部门管理成本││         │  │ 管理者上级   │
  │控制标准流程      ││ 执行阶段 │  │              │
  │研发部门管理成本控│├→│       │←─│ 管理者       │
  │制标准流程        ││ 调整阶段 │操│              │
  │销售部门管理成本控││         │作│ 管理者下级   │
  │制标准流程        │└─────────┘  └──────────────┘
  └──────────────────┘    │
        标杆制          管理效果         反馈制
                          │
                        输出
                          ↓
                  管理成本评价体系
```

环境所决定的，所以要有效控制管理成本，需要从两个方面着手：企业制度和企业文化。

企业制度是企业制定的组织劳动过程和进行劳动管理活动中，要求员工共同遵守的办事章程和行动准则的总和。企业制度涉及企业日常业务的各个环节，包括人事记录、财务核算、股利分配、员工福利、研发生产、采购销售等。制度是保证企业正常运转的先决条件，好的企业制度，有利于规范管理者和被管理者的行为，从而节约管理成本，提高管理绩效，增加企业利润。例如，某企业管理者甲出差回来，打车从机场回公司100元，公司凭打车发票为其报销打车费，计入管理费用100元，公司管理成本支出100元，甲的收益为0元。若公司实行出差配额，不用发票，约定交通费补助50元，则甲会选择大巴回公司，花费30元，公司发放50元交通补助给甲，管理成本为50元，甲的收益为20元。如此一来，公司达到了节约管理成本的目的，节省开支50元，而甲也有一定的收益，收支差额为20元，达到了双赢。

综上所述，要想有效控制管理成本，企业制度应当具备以下几个特点：

(1)公平性。公平性是指对待企业中的每个人都不偏不倚、同工同酬。公平能很好地激发员工工作的热情,保持整个企业处于积极向上的环境中。不公平的制度往往会引起员工的不满,使其消极怠工,极大程度地削弱了工作效率,所以企业制度的公平性是制度的基础。

(2)稳定性。在迅速变化的环境中,应当有一套稳定的企业制度,避免朝令夕改。该制度能够在一定时间内适应外部环境的变化,而当制度已阻碍企业发展时,可做适当调整。制度调整的目的在于精简业务流程、明确责任。

(3)明确性。对某个工作岗位,制度规定了明确的权责范围,使得人人分工协作,避免出现职能重叠或者空缺的现象。只有明确的制度才能为企业内部控制体系提供良好的土壤,而有效的内部控制是企业在市场竞争中生存的基石。

(4)精细性。企业制度精细性是指组织的制度不但健全,而且非常细,尤其是对核心部门、重点业务,这样使大家办事时都能有章可循。

企业文化也叫组织文化,是一种文化形象,是由其价值观、信念、仪式、符号、处事方式等组成的特有文化形象。目前,企业文化已受到越来越多的关注,好的企业都有独特的企业文化,如海尔的"日清日毕"等。要想控制好管理成本,企业文化是另一个重要的控制点。有利于管理成本控制的企业文化,应当满足以下两个条件:

(1)以人为本。企业要想长久发展,需要依靠员工的积极努力,所以企业文化也要以此为出发点,如增加员工培训、完善激励机制、建立信任等都是以人为本的具体表现。

(2)可持续发展。它是指企业文化可以指导企业朝正确的方向稳定发展,既能满足现在企业的需求,又不会损害将来企业的发展。可持续性调整员工与企业之间、现在与未来之间的关系,保证其和谐稳定,员工才会安心快乐地工作。可持续发展性保证了员工和企业具有相同的目标，企业为员工服务，员工为企业创造最大利润。

四、管理成本的控制方法

1. 固定管理成本控制方法

固定管理成本是企业中不因管理业务量增加而增加的成本支出，如办公设备的折旧费、管理人员工资，是企业管理业务要承担的最低成本，对维护企业经营能力起关键作用。这类成本只要形成，短期内不能削减，如果削减，可能会影响企业的盈利能力，即使现有管理业务中断，这部分成本还需继续支出。所以，从最初的支出开始，就要确定固定管理成本支出的有效性。那么预算审批制就势在必行。预算审批是企业各个部门对即将发生的固定管理成本做出详细符合实际的支出预算，并确保在满足管理需要前提下的最小支出预算方案。

2. 变动管理成本控制方法

变动管理成本是随着管理业务的变化而变化的管理成本支出，是因企业决策改变而发生的管理成本。这类成本是根据企业经营方针而产生的，如为研发新产品而增加的管理成本、新增的人员培训费等，它们的支出有利于企业增加核心竞争力。只要做到变动管理成本支出规模化，就能在有效执行决策的时候，达到控制管理成本的目的。如果暂时做不到规模化，可以从降低其绝对额的角度予以区分。在每个会计年度开始前，决策层可以要求各个部门考虑计划期的具体情况，对照财务承担能力，对各个变动管理成本项目是否继续开支，或者在开支不变的情况下，是否增加管理业务量做出决定，精打细算，慢慢向规模化靠拢。

第六节　风险管理

风险是生活和商业活动中不可避免的一部分,管理风险就像在漩涡的海洋中航行,需要机敏、智慧和判断力。在这个不断变化的世界中,需要对风险有清晰的认识,并通过有效的管理,将潜在的风险转化为机遇。

风险管理并不是消除风险,而是通过对风险评估和管理,使自己在面临风险时,能作出最优的决策。这就需要不断识别和评估风险,制定并实施适当的风险应对策略,以确保自己的目标能够顺利实现。风险管理不仅关系着企业的生存和发展,也关系着社会稳定。

每一类型的企业风险管理略有区别,在此以制造业企业为例讲解。

一、制造业企业之痛点和风险

随着市场竞争日趋激烈,制造业企业不断努力优化供产销环节,加强供应链管理以提升市场竞争力。然而,在现实中,一些制造业企业,尤其是中小企业还没有形成完整的供应链思维,在利用经济资源、获取市场信息、争取外部支持等方面明显逊色。同时,资金不足、人才缺乏、管理落后等问题一直困扰和影响着企业。其中,制造业企业面临最普遍、最主要的痛点表现在以下几个方面：

第一，采购端采购成本高。制造业企业采购成本占总成本的30%～70%。因此采购成本控制是企业求得生存的主要保障和增加盈利的根本途径。目前，交易过程中"现金价、账期价、票据价"并市是普遍现象，一些企业由于流动资金有限，为了满足采购环节对流动资金的需求，而选择"账期价、票据价"，直接导致了采购成本增加。同时，由于企业没有足够的采购体量，导致企业缺乏与供应商谈判的空间，致使错失了降低采购成本的机会。

第二，采购端结算成本高。部分制造业企业通常存在收回货款之前向供应商支付货款的情况，由此导致发生资金缺口。当企业出现资金缺口时，往往会选择银行贷款，其融资成本一般在千分之三至千分之五，导致整体结算成本偏高。

第三，销售端回款风险大。销售是制造业的生存之本，一些企业为了稳定原有客户订单或者占领更多市场份额，盲目选择客户，甚至主动提出"赊账"。账款回款周期不断延长，加剧了回款风险，甚至因长期无法追回而出现大量坏账呆账，从而影响企业正常的运转。

第四，销售端回款效率低。部分销售端企业处于弱势，账款回款周期延长和坏账呆账的增加导致回款效率低下。另外，企业大多面临着无法及时回款，但是账款难催收，加剧了回款效率低的问题。一旦出现问题，只能诉之法律，又不得不经历一个漫长的司法过程。因此，大量自有资金被长期占用，致使企业经营成本增加、盈利能力下降。

第五，企业管理偏科、能力缺失。部分制造业企业以订单和技术优势生存，更重视技术研发、产品生产和销售的管理。在采购端主要关注成本占比较大的原材料，较少关注涉及金额较小的辅助耗材，然而这类非主要材料的利润空间非常大。

二、控制风险的模式

在商业运营和财务管理中,应收账款经常被视为一种重要的流动资产,但同时也存在一定的风险。在过去,不少企业采用的是"账期模式",也就是在货物或服务交付后,一段时间内收取款项。然而,这种模式下,如果买家违约或财务状况突然恶化,卖家可能会面临收不回款项的风险。

为了控制这种风险,一些企业开始从"账期模式"转变为"现金＋保证金"模式。在这种模式下,买家在采购时需要先支付一部分现金作为保证金,剩余的款项在货物或服务交付后立即支付。即使买家违约,卖家也可以用保证金来弥补损失。同时,由于大部分款项是现金支付,卖家的现金流也得到了改善。

"现金＋保证金"模式在一定程度上降低了卖家的财务风险,提高了企业的现金流管理能力。在面对市场波动和不确定性时,这种模式能为企业提供更大的保护。同时,企业也需要有一套有效的保证金管理制度和退还机制,以维护与买家的良好关系。

总体来说,从"账期模式"转变为"现金＋保证金"模式,是企业在面对不确定市场环境时,控制风险,提高现金流管理能力的一种有效策略。

三、工业品代采服务

工业品代采服务,也称为第三方采购服务或外包采购服务,是一种新兴的商业模式。在这种模式下,企业将采购活动外包给专业的采购服务公司,由这些公司代为完成相关的工业品采购工作。这种服务旨在帮助企业优化供应链,降低成本,提高运营效率。

从财务角度来看,采用工业品代采服务能够降低企业的采购成本。由于代采公司具有较强的采购谈判能力和专业知识,能够以更优惠的价格获取所需的工业品。同时，由于将采购活动外包，企业也可以减少内部采购人员的成本，进一步降低运营支出。

从管理角度来看，采用工业品代采服务能够提高企业的运营效率。代采公司通常会利用其专业的采购系统和工具，提供高效的采购服务。这不仅减轻了企业内部人员的工作压力，也能使企业更专注于核心业务，提高了整体的管理效率。

此外，代采公司还能提供更全面的供应商管理服务，包括供应商的选择、评价、管理等。这有助于企业建立优质的供应商网络，保障供应链的稳定性。

总的来说，工业品代采服务是一种有效的供应链管理策略，能够帮助企业优化成本，提高效率，增强竞争力。随着市场竞争的加剧，更多的企业可能选择采用这种服务，以应对日益复杂的商业环境。

以GE（通用电气公司）为例。GE是一家全球领先的工业制造公司，业务涉及多个领域，如能源、医疗、航空等。在过去的几年里，GE一直在寻求改善其供应链管理，并决定采用工业品代采服务。

GE选择与一家专业的供应链管理公司Genpact（简柏特）合作，外包其非核心的采购活动。Genpact具有全球采购网络和强大的采购能力，能够以优惠的价格为GE采购所需的工业品。同时，Genpact也为GE提供了供应商管理服务，帮助其建立起优质的供应商网络。

通过这种合作，GE成功地降低了采购成本，提高了运营效率。这使得GE能够将更多的资源投入核心业务，提高了在全球市场上的竞争力。

工业品代采服务对于大型工业制造公司来说，是一种有效的成本优化和供应链管理策略。通过与专业的供应链管理公司合作，企业不仅可以降低成本，提高效率，还可以将更多的关注力放在核心业务上，从而提高市场竞争力。

工业品代采服务,已经被广泛应用和认可,可以根据具体的行业环境和企业需求选择适合自己的模式。

全面采购管理服务:服务商提供从供应商选择、采购执行,到货物验收和付款的全过程管理服务。这种模式最大限度地解放了企业内部资源,使其可以专注于核心业务。这种模式适合希望将采购完全外包的大型企业。

策略采购咨询服务:服务商基于自身的专业知识和市场经验,为企业提供策略性的采购建议,帮助企业优化采购策略,提升采购效率。这种模式适合希望提升采购效能的中大型企业。

电子采购平台服务:服务商提供在线的采购平台,集合大量的供应商信息,使企业可以方便地进行比价和采购。这种模式适合希望通过技术手段提升采购效率的企业。

专项采购服务:针对特定的商品或服务,服务商提供专业的采购服务。例如,针对IT设备的采购,或者针对办公用品的采购等。这种模式适合有特定采购需求的企业。

值得注意的是,以上的每种模式都有其适用的场景,企业在选择时需要根据自身的需求进行选择。同时,选择合适的服务商也是成功实施工业品代采服务的关键因素,应选择那些具有良好业绩、专业能力和服务信誉的服务商合作。

四、工业品代销服务

工业品代销服务是一种业务模式,其中代销商负责将制造商的产品销售给终端用户或其他商业实体。这种模式帮助制造商扩大市场覆盖范围,减轻销售和分销的负担,同时提供代销商经营业务和获取利润的机会。

1. 最大化制造商的优势

从制造商的角度看,工业品代销服务帮助它们扩大市场覆盖范围。代销商具有深入了解本地市场的能力,可以有效地将产品推广给适当的顾客。此外,代销商通常拥有良好的客户关系和销售网络,有助于提高产品的市场接受度。

此外,通过工业品代销服务,制造商可以将销售和分销的复杂性降到最低,把更多的精力集中在它们最擅长的领域——产品设计和生产。此外,制造商也能够通过代销商获得市场反馈,改进产品,满足客户需求。

2. 为代销商提供获利机会

对于代销商来说,工业品代销服务提供了一个获取利润的机会。代销商通过销售制造商的产品获得利润,而不需要投入大量资本进行生产。此外,因为代销商购买大量产品,所以它们通常能够从制造商那里获得优惠,进一步提高了它们的利润空间。

代销商还可以通过提供优质的客户服务来构建自己的品牌。例如,它们可以提供及时的配送,解决客户的问题,以及提供产品使用和维护的建议。通过这些方式,代销商可以建立自己的客户基础,并与客户建立长期的业务关系。

3. 满足终端用户

终端用户可以通过代销商获得更广泛的产品选择,以及更个性化的服务。因为代销商往往与多家制造商合作,可以提供多种类型的产品,满足不同客户的需求。此外,代销商通常更接近市场,更了解客户的需求,因此它们可以提供更个性化的服务,包括定制产品、快速配送、技术支持等。

工业品代销服务为制造商、代销商和终端用户提供了便利。然而,要成功实施这种业务模式,需要各方的配合和努力。

制造商需要选择有经验、有能力、具备良好信誉的代销商作为合作伙伴，同时需要与代销商建立良好的合作关系，确保产品的质量和服务的标准。

代销商需要有足够的资本和能力来购买和销售产品，同时还需要有良好的市场推广能力和客户服务能力。它们需要不断学习和适应市场变化，以满足客户的需求。

终端用户需要对代销商及其销售的产品有信心，同时也需要能够从代销商那里得到满意的服务。终端用户的反馈和支持将对代销商和制造商的业务产生重要影响。

只有各方面都做好了准备和配合，工业品代销服务才能真正发挥优势，实现制造商、代销商和终端用户的共赢。

以 3M 公司为例，其在全球范围内拥有强大的代销商网络，其中包括一些专门负责销售工业品的代销商。这些代销商不仅负责销售 3M 的工业品，同时也提供一系列的服务，包括咨询、技术支持和培训等。

其中一家代销商位于中国，该公司是 3M 授权的工业品代销商，主要销售 3M 的研磨材料等工业产品。在与 3M 合作的过程中，该公司不仅扩大了自身的业务范围，同时也为客户提供了一站式购买 3M 产品的平台，使客户可以更方便地购买 3M 的工业品。

同时，该代销商也积极提供技术支持和解决方案，帮助客户解决在生产过程中遇到的问题，提高生产效率。这一方面体现了工业品代销服务的实用性；另一方面也显示了代销商的价值：不仅是产品的销售者，更是为客户提供解决方案的专家。

此外，该代销商还会定期为客户提供培训，帮助客户更好地理解和使用 3M 的产品，进一步提升了客户的满意度和忠诚度。

从这个案例可以看到工业品代销服务的运作模式及其优势。通过代销服务，制造商得以扩大市场覆盖范围，代销商得以提供更广泛的产品和更优质的服务,而终端用户则得以更方便地购买到所需的产品,同时享受到更全面的服务。

五、工业品综合销售服务

工业品综合销售服务是一种面向工业企业的一站式采购解决方案。工业品综合销售服务是一种新兴的商业模式,它主要依靠建立大规模的供应链网络,通过集中采购和分销,为企业提供一站式的工业品购买服务。它涵盖了产品选择、购买、运输、安装、使用、维护等各个环节。此类服务的目标是帮助企业优化采购流程,提高效率,降低总采购成本,同时也可以为供应商提供更大的市场。

1. 产品选择和购买

工业品综合销售服务通常由一些专业的销售公司或分销商提供。它们有着丰富的产品知识和市场经验,可以帮助企业选择适合自己需求的产品。同时,它们也能提供一站式购买服务,让企业能在一个平台上购买到所有需要的工业品,节省采购时间和成本。

2. 运输和安装

工业品综合销售服务还包括产品的运输和安装服务。销售商会负责将产品安全、准时地运送到企业指定的地点,同时也提供安装服务,确保产品能正常使用。

3. 使用和维护

工业品综合销售服务还包括使用培训和维护服务。销售商会对企业的员工进行产品使用培训,确保能正确、高效地使用产品。同时,它们也提供产品的维护服务,定期对产品进行检查和保养,确保产品的正常运行,延长产品的使用寿命。

4. 后期服务

工业品综合销售服务还包括售后服务，如产品退换、维修等。销售商会对所售产品提供一定期限的保修服务，如果产品出现问题，它们会及时解决。

工业品综合销售服务为企业提供了全方位的采购解决方案，帮助企业从中获取最大的价值。

在这种模式下，销售服务公司通常会与众多供应商建立合作关系，从而为客户提供广泛的产品选择。这些产品可能包括各种生产资料、辅材、耗材等。销售服务公司可以利用其规模优势，以较低的价格从供应商那里批量采购商品，然后将这些优惠传递给客户。

此外，销售服务公司通常还会提供一些额外的服务，如物流服务、售后服务和质量保证等。这些服务可以进一步提高企业的采购效率，减少企业的运营压力。

德国公司维克斯集团是紧固件和装配技术供应商，同时也提供一站式的工业品综合销售服务。该集团的产品种类繁多，从基本的紧固件到工具、化学品、个人保护设备等，覆盖了大部分的工业品类。企业可以根据自己的需求，在一个平台上选择和购买所需的工业品。

维克斯集团有覆盖全球的物流网络，可以将产品准时、安全地送达客户指定的地点。该公司也提供安装服务，保证产品可以被正确、安全地安装使用；提供详细的产品使用指南和在线培训服务，帮助客户的员工掌握产品的正确使用方法；提供维护服务，帮助企业保养产品，延长产品的使用寿命。

此外，该公司还提供完善的售后服务，包括产品退换、维修等。如果产品在保修期内出现问题，会提供及时的维修服务，最大限度降低企业的运营中出现的问题。

工业品综合销售服务是一种整合了多种服务的销售模式，其优势主要体现在以下几个方面：

（1）提高采购效率。综合销售服务能够为企业提供一站式购物体验，企业可以在同一平台上找到所需的各类工业品，无须在多个供应商之间比较和选择，提高了采购效率。

（2）降低采购成本。通过集中采购，企业可以得到更优惠的价格和更便利的服务，降低了采购成本。同时，由于销售商通常会为企业提供技术支持和售后服务，企业也可以节省在这些方面的投入。

（3）提升运营效率。销售商通常会提供产品的运输、安装、维护等服务，帮助企业解决使用产品过程中的各种问题，提高运营效率。

（4）优化供应链管理。通过与销售商建立长期合作关系，企业可以优化供应链管理，保证产品的稳定供应，减少库存风险。

（5）提供技术支持。销售商通常有丰富的产品知识和技术经验，可以为企业提供技术支持和培训，帮助企业提高产品的使用效率和效果。

（6）提升客户满意度。综合销售服务通常还包括售后服务，如产品的维修、替换等，这些服务能够提升客户满意度，增强客户对企业的忠诚度。

工业品综合销售服务为企业提供了一种高效、低成本的采购方式。这种服务可以帮助企业在各个方面提高效率和效果，优化资源配置，降低运营风险，从而增强企业的竞争力。

风险管理是一项复杂而持续的工作，需要不断进行风险识别、评估、处理和控制。在这个过程中，要充分认识到，每一个决策都可能带来新的风险，但同时也可能产生新的机遇。因此，勇于面对风险，合理规避风险，才是真正达到风险管理的目的。